中國學術思想研究輯刊

十七編

林慶彰 主編

第 30 冊

形構之理與存在之理：
戴震、朱子、孟子所言之理及道德形態之比較研究

周國良 著

花木蘭文化出版社

國家圖書館出版品預行編目資料

形構之理與存在之理：戴震、朱子、孟子所言之理及道德形態
之比較研究／周國良 著 — 初版 — 新北市：花木蘭文化出版
社，2013〔民 102〕
目 2+140 面；19×26 公分
（中國學術思想研究輯刊 十七編：第 30 冊）
ISBN：978-986-322-420-4（精裝）
1.（周）孟軻　2.（宋）朱熹　3.（清）戴震　4.學術思想
5. 比較研究
030.8　　　　　　　　　　　　　　　　　　102014817

中國學術思想研究輯刊
十七編　第三十冊　　　　　　　　ISBN：978-986-322-420-4

形構之理與存在之理：
戴震、朱子、孟子所言之理及道德形態之比較研究

作　　者　周國良
主　　編　林慶彰
總 編 輯　杜潔祥
出　　版　花木蘭文化出版社
發 行 所　花木蘭文化出版社
發 行 人　高小娟
聯絡地址　235 新北市中和區中安街七二號十三樓
　　　　　電話：02-2923-1455／傳眞：02-2923-1452
網　　址　http://www.huamulan.tw 信箱 sut81518@gmail.com
印　　刷　普羅文化出版廣告事業
封面設計　劉開工作室
初　　版　2013 年 9 月
定　　價　十七編 34 冊（精裝）新台幣 60,000 元

形構之理與存在之理：
戴震、朱子、孟子所言之理及道德形態之比較研究

周國良　著

作者簡介

周國良，1958 年生於香港，香港新亞研究所哲學博士，現任教於香港樹仁大學中國語言文學系。曾兼任於香港嶺南大學、香港教育學院及澳門東亞大學。論文散見《鵝湖月刊》、《八方文藝叢刊》，研究興趣涉及儒學、中國哲學、易學、西方當代文論等領域。

提　要

　　儒學發展至清代中葉，隨著乾嘉學派的出現，學風為之一變。在思想家當中，尤以戴東原以批評宋儒之學見稱，他在《孟子字義疏證》中提出「事理」，以針砭宋儒「性理」之學。而《疏證》的基本立場及研究進路，乃透過訓詁考據的方法，以探究「理」之本義為基礎，然後詮釋孟子之「理」；再以此為據，繼而批評朱子之「理」。換言之，在儒學發展史中，關於三種不同形態之「理」的討論，均涵蓋在《疏證》之內。本書正是以東原對孟子及朱子之「理」的詮釋及批評為研究對象，透過闡釋及比對東原對孟子及朱子之「理」的了解，希望對三者所言之「理」有較深入和客觀的詮表。而就三者對「理」體會之差異，本文一方面援引「形構之理」與「存在之理」之區分，以彰顯三者之異同；另一方面，則引用「自律道德」及「他律道德」之判準，以簡別三者之道德形態，旨在對於「理」在儒學不同發展階段的分際、限度、意義和作用，能有比較全面的分析及說明。

目

次

第一章　引　言

在中國哲學的歷史發展中，「理」爲十分重要之觀念，且出現甚早，在先秦古籍中已隨處可見，大體具有「規律」或「法則」的意思。而「理」由先秦以降，更發展演變爲一個具有豐富義蘊的哲學概念，隨不同時期的哲學思潮，表現爲不同之形態。

唐君毅先生依中國哲學的發展分期，對「理」作出綜合的總括，指出中國哲學史中的「理」主要有六種形態：

> 一是文理之理，此大體是先秦思想家所重之理。二是名理之理，此亦可指魏晉玄學中所重之玄理。三是空理之理，此可指隋唐佛學家所重之理。四是性理之理，此是宋明理學家所重之理。五是事理之理，此是王船山以至清代一般儒者所重之理。六是物理，此爲現代中國人受西方思想影響後特重之理。[註1]

據唐先生的辨析，可知從先秦以迄近代，「理」曾以多種形態出現，各時期對「理」了解的側重點都有所不同，而這六種形態的「理」可分別代表一特定階段哲學思想的特色。

而牟宗三先生指出唐先生以上所舉的「理之六義」實可賅攝中國哲學史各時期「理」字的全部意義，然而先秦所說的「文理」之理卻較爲通泛。假若從學問的性格來考慮，則似乎較難歸類。故此牟先生進一步以學問的性格爲區別原則，把唐先生的「理」之六義重新劃分爲：

一、名理、此屬于邏輯，廣之，亦可該括數學。

〔註 1〕參閱唐君毅先生著《中國哲學原論・導論篇》，頁 4。

二、物理、此屬于經驗科學，自然的或社會的。

三、玄理、此屬于道家。

四、空理、此屬于佛家。

五、性理、此屬于儒家。

六、事理（亦攝情理）、屬于政治哲學與歷史哲學。〔註2〕

比對兩者的看法，可見唐先生的區別原則是以通貫中國思想發展的歷程而提出的，至於牟先生則主要著眼於「理」的學問性格方面，二者互為補足。而結合雙方面的觀點，在各階段中，「理」最能呈顯該段時期哲學思想特色，以及學問性格的，則應該算是宋明階段的「性理」。事實上，宋、明兩朝六百年間的儒學，史家一般都稱之為「宋明理學」，可見「理」在這個階段最為思想家所重視，而此時期的思想家亦各本其講學宗旨，對「理」有所闡釋。

依傳統的哲學史觀點，「理」乃宋明儒學的核心概念，然而因各家對「理」的體會不同，一般可區別為程朱的「性即理」及陸王的「心即理」兩大系統。其中「心即理」之根源可上溯先秦儒學的孟子，至於「性即理」雖然與「心即理」有所不同，但與孟子的「理」亦有一定的傳承關係。而儒學發展至清代，學風為之一變，儒者轉以考據訓詁的立場出發，提出「事理」的觀點，以批評宋儒言「理」不合於古訓，其中尤以戴東原為代表。是以，從先秦以迄清代，「理」在儒學中的演變存在清晰可辨的發展脈絡，而且更因各階段對「理」體會的不同，呈顯出不同的形態。簡約而言，孟子及陸王屬「心即理」，程朱屬「性即理」，至於東原則基本屬於「事理」。

鑑於「理」在儒學中歷先秦以迄清代的發展，上下數千年，而且其中義理的演變也頗為曲折，故本文不擬採用歷史發生學的方式，由孟子至戴震，順序逐一論述。反之，本文擬採取哲學概念詮釋之進路，計劃以東原對孟子及朱子所言之「理」的詮釋作為基本的研究重心。此乃基於戴東原在《孟子字義疏證》的基本立場，乃透過訓詁考據的方法詮釋孟子所言之「理」，並以此作為根據，進而反對朱子所言之「理」。析言之，東原對孟子及朱子所言之「理」的詮譯，可說貫串《疏證》全書，而東原自己對「理」的了解，亦可從對孟子及朱子的詮釋中透顯。

換言之，儒學三個發展階段之不同形態的「理」，在東原的詮釋工作內都有所探討。其中孟子的「心即理」可兼攝陸王，朱子的「性即理」可兼攝伊

〔註 2〕參閱牟宗三先生著《心體與性體》第一冊，頁3～4。

川，而東原的「事理」則可代表清儒的看法。〔註3〕進一步說，以東原對孟子及朱子所言之「理」的詮釋作爲研究對象，藉闡述東原對孟子及朱子之「理」的詮釋，以及檢討東原對孟子及朱子之「理」的了解，不獨可對孟子、朱子及東原所言之「理」有客觀的了解及詮釋，而且對於「理」在儒學不同發展階段的意義和作用亦可有一比較全面的說明。而尤有進者，更可通過對三者所言之「理」的比較及綜括，比對三者的異同，以及各別的分際與限度。

再者，由於東原在《疏證》的基本進路是從《孟子》入手，以訓詁考據的方式詮釋孟子之「理」，並以此作爲批評朱子的根據。故本文即以闡述東原對孟子之「理」的詮釋，以及東原對朱子之「理」的批評作爲本文的起點。其次，東原詮釋孟子和朱子，目的亦在於表述自己的哲學主張，而東原本身的思想乃自成體系。故本文乃繼而對東原的思想作出系統的說明，以藉此對東原的思想有客觀的了解。上述可說是本文第一序的工作，接著乃第二序的檢討。

基於東原的基本進路是通過訓詁考據的方式，以「理」的古訓詮釋孟子，藉以反對朱子的「理」。故此本文第一步的檢討工作，即從訓詁的角度，考察「理」之古義，以及先秦經籍中各種不同的「理」，以察看東原的詮釋是否有充份的理據，並且對東原的詮釋方法作出檢討。再者，東原批評朱子，是以孟子的詮釋爲根據；然則，東原對孟子的詮釋是否諦當，乃顯得十分重要。故本文即從孟子思想的立場，對東原的詮釋作出客觀的評估。再次，東原對朱子的批評，又是否言之成理，持之有故？本文亦從朱子的立場，對東原的批評作出回應，以檢討東原的批評是否相應。

在客觀檢討東原對孟子的詮釋，以及朱子的批評之後。本文在結論部份，

〔註 3〕 關於宋明階段的「理」，一般均區別爲「性即理」及「心即理」。然而據牟宗三先生的看法，此區分實大有問題。牟先生指出象山及陽明對理的體會，以「心即理」概括當無問題，可是若視明道、伊川、及朱子對之體會均同爲「性即理」，則大可商榷。因爲明道所體會之理是「即存有即活動」的，與孟子、象山及陽明對「理」的體會同屬一形態，而伊川及朱子所體會的理卻是「只存有而不活動」的，是以「性即理」應有兩種形態的簡別。故此，東原在《疏證》雖然只對孟子及朱子的「理」有所詮釋，然而由於朱子、伊川的「性即理」同爲一路，而明道的「性即理」在義理性格上實可歸入孟子及陸王的「心即理」。於是，東原的詮釋乃大體可涵蓋儒學中的「心即理」及「性即理」兩種形態。參閱牟宗三先生《心體與性體》第一冊，第一章，第四節，〈宋明儒之分系〉，頁42～61。

將會從道德，知識的角度對孟子、朱子，以及東原所言之「理」作出綜括和比對的說明，以呈顯三者之異同、分際及限度。其中，就三者對「理」體會之差異，會援引牟宗三先生提出之「形構之理」與「存在之理」之區分，比對三者之異同。其次，因對「理」了解之分殊，而衍生道德學方面的差異，亦會引用牟先生「自律道德」及「他律道德」之區分，以簡別三者之道德形態。此外，即使東原對孟子的詮釋以及朱子的批評未盡妥當，然而他的思想卻自成系統，故此亦有必要進一步指出東原在儒學中應有的價值和評價。

第二章　東原對孟子的詮釋

第一節　東原詮釋孟子之目的與方法

　　雖然「理」是宋明理學之核心概念，然而在儒學的傳統中，最早對「理」有所論述的是孟子。而在《孟子》書中，關於「理」的闡述雖不算多，可是言簡意賅，含義精微，已為道德意義的「理」定下基本的格度。事實上，「理」在宋明階段雖然因陸、王及程、朱對「理」的體會有所不同，而有「心即理」及「性即理」兩大系統的區分。可是二者都是為說明吾人道德實踐之所以可能而提出的，與孟子所言的「理」有一定的傳承關係，是以東原著《孟子字義疏證》（以下省稱《疏證》）亦非偶然。東原在《與段若膺書》云：

> 僕生平論述最大者，為《孟子字義疏證》一書，此正人心之要。今
> 人無論正邪，盡以意見誤名之曰「理」，而禍斯民，故《疏證》不得
> 不作。〔註1〕

東原表明著《疏證》之動機，一方面既旨在糾正當時人誤以意見為「理」，而隨意以一己之意見，加害於別人的毛病；另一方面，亦藉此闡發自己的哲學思想。而「盡以意見誤名之曰理」這種流弊之所以出現，東原認為乃宋明理學之流弊所致。他在《與某書》中對這種自宋以來所形成的習氣就有更大的感慨，他云：

> 宋以來儒者，以己之見硬坐為古賢聖立言之意，而語言文字實未之

〔註1〕 見《孟子字義疏證》，頁186。本版除《疏證》外，亦包括《原善》、《緒言》、
　　　　《孟子私淑錄》等著作。

> 知：其於天下之事也，以己所謂理強斷行之，而事情原委隱曲實未
> 能得，是以大道失而行事乖。〔註2〕

由此可見東原對宋以來儒者任意以自己的意見，歪曲聖人的道理，以致「大道失而行事乖」的現象甚感不滿，乃不得不起而辯之。然而他為何要以《孟子》作為詮釋的對象？

首先，這主要是因為他認為聖人之道理早已備見於六經、孔、孟之書，所以後人對義理的了解，不可隨意以一己之見強行解釋為古聖人立言之意；反之，必得返求於孔、孟，與孔、孟之言相比闡證，方可有一定的真確性。故東原云「僕自十七歲時，有志聞道，謂非求之六經、孔、孟不得。」〔註3〕

而更重要的，孟子對「理」有「心之所同然者，謂理也義也」的看法。這正好與東原指斥宋以來儒者每隨意把一己之私意，視為具有普遍性的「理」，並進而斷情處事的習慣作比對。事實上，東原在《疏證》就是藉對孟子義理的疏解，批評宋以來儒者這種處事方式。此外，據東原弟子段玉裁編《戴東原年譜》記云：

> 玉裁入都會試，見先生云「近日做得講理學一書」，謂《孟子字義疏
> 證》也。玉裁未能遽請讀，先生沒後，孔戶部付刻，乃得見，近日
> 始窺其閫奧。蓋先生《原善》三篇、《論性》二篇既成，又以宋儒言
> 性、言理、言道、言才、言誠、言明、言權、言仁義禮智、言智仁
> 勇，皆非《六經》孔、孟之言，而以異學之言糅之，故就《孟子》
> 字義開示，使人知「人欲淨盡，天理流行」之語病。所謂理者，必
> 求諸人情之無憾而後即安，不得謂性為理。〔註4〕

此處更見出東原之所以疏證《孟子》，除有感於時人以意見為「理」的毛病外，亦有見於宋儒在思想上有許多主要概念都有違孔孟的意思，而其中尤其以「人欲淨盡，天理流行」的觀點就更有問題。所謂「人欲淨盡，天理流行」實質是指宋儒揚天理、去人欲的主張，此中問題之關鍵主要是在於宋儒對「理」

〔註2〕 同上註，頁173。
〔註3〕 見《與段若膺論理書》，本文收於《疏證》，參閱頁184。
〔註4〕 見《戴震文集》頁228。據錢穆先生考證，此處玉裁提及的「講理學」一書，並非《疏證》，而是《原善》。因為玉裁於當年聞東原提及「講理學」一書，但卻無緣得見。至東原沒後，玉裁得閱《疏證》，乃以為就是當年東原所說及的「講理學」一書，實則並無確據。這裏引證此段文字，重點不在考證《疏證》成書的年份，而在於了解東原著《疏證》的用心，玉裁對此正好有說明。（參閱錢穆先生著《中國近三百年學術史》，頁326。）

有怎樣的理解。正如前文所述，東原認爲「以意見爲理」的禍害可說是肇始於宋儒。而歸根究底，宋儒言「理」的根據最早可上溯孟子，因此東原乃從《孟子》入手，在《疏證》中對「理」作出重新的疏釋，並希望藉此爲根據，以衡定宋儒所言的非是。

事實上，在東原的論著中，《疏證》乃最後的著述。在此之前，他已撰著了《孟子私淑錄》及《緒言》，這兩部書可以說是《疏證》的未定稿。〔註5〕由此可見，《疏證》乃東原經長期蘊釀，幾經刪改而後完成的力作。至於「理」的詮釋在《疏證》中不但所佔篇幅最多，而且貫串全書，可以說是最重要的概念，其餘的性、天道、才、道等概念的詮釋，只是爲說明「理」在不同分際的作用而提出的。

東原早年從遊於經學大師江愼修門下，致力於訓詁考證之學，爲學取向注重經籍的考據詁釋。因此他在《疏證》中所採用的研究進路及體例，乃把每一個重要概念，依次以字義疏證方式逐一闡述。其實東原這種著述方式早有先例可援，朱子門人陳淳所著的《北溪字義》就是這種體例的先河。東原之所以重視文字訓詁，一方面固然是他個人治學的興趣所致，但更主要乃受當其時乾嘉的考證學風影響。〔註6〕據東原於《與是仲明論學書》中所述：

> 僕自少時家貧，不獲親師，聞聖人之中有孔子者，定六經示後之人，求其一經，啓而讀之，茫茫然無覺。尋思之久，計於心曰：經之至者道也，所以明道者其詞也，所以成詞者字也。由字以通其詞，由詞以通其道，必有漸。〔註7〕

此段文字可以說乃東原主張由字通詞，由詞通道，亦即從字義以明經義的理論根據。其後他在《古經解鉤沉序》中又云：

> 經之至者，道也。所以明道者，其詞也。所以成詞者，未有能外小學文字者也。由文字以通乎語言，由語言以通乎古聖賢之心志，譬之適堂壇之必循其階，而不可以躐等。〔註8〕

〔註5〕《緒言》和《孟子私淑錄》的內容在多方面與《疏證》完全相同，而且二者成書的時間亦比《疏證》爲早，故就此而論，二者可以說是《疏證》的未定稿。

〔註6〕參閱錢穆先生著《中國近三百年學術史》第八章，此章對於東原的師承，以及與乾嘉樸學的關係，論之甚詳。

〔註7〕見《戴震文集》卷九，頁140。

〔註8〕同上註，卷十，頁146。

由此可見東原之所以從事考據名物訓詁之研究，乃視訓詁為一種手段，其最終目的在明聖人之道理。而東原立足於清代經學，從訓詁考證的立場出發，更有感於宋儒在了解經傳上的不足。他在《與某書》有這樣的一番話：

> 治經先考字義，次通文理，志存聞道，必空所依傍。漢儒故訓有師承，亦有時傅會；晉人傅會鑿空益多；宋人則恃胸臆為斷，故其襲取者多謬，而不謬者在其所棄。我輩讀書，原非與後儒競立說，宜平心體會經文，有一字非其的解，則於所言之意必差，而道從此失。〔註9〕

其次，他在與弟子段玉裁的論學書中又這樣說：

> 宋儒譏訓詁之學，輕語言文字，是欲渡江而棄舟楫，欲登高而無階梯也。〔註10〕

此外，他在《題惠定宇先生授經圖》中又云：

> 言者輒曰：「有漢儒經學，有宋儒經學，一主於故訓，一主於理義。」此誠震之大不解也者。夫所謂理義，苟可以舍經而空憑胸臆，將人人鑿空得之，奚有於經學之云乎哉？惟空憑胸臆之卒無當於賢人聖人之理義，然後求之古經；求之古經而遺文垂絕、今古懸隔也，然後求之訓故。訓故明則古經明，古經明則賢人聖人之理義明，而我心之所同然者，乃因之而明。〔註11〕

東原這三段話都是強調宋儒對經傳的了解，由於不重詁釋考據，以致義理的把握流於空疏，無當於聖人之道理。因此他強調要用訓詁的方法，平心體會經文，對經籍的一字一句要加以疏釋考證，這樣才可以明白聖人的道理。而吾人由此所得的義理方具有必然性可言；否則只是所謂「意見」，而不得稱之為「理」。因此東原著《疏證》乃利用訓詁的方法為自己的義理張本，而《疏證》從命名及體例來看，似為一訓詁學的著作，實則乃是東原闡發義理思想的心血結晶。

復次，由於東原強調訓詁考證的方法，對每一字之義的了解務必貫串群經，施以比對考證，然後方可落實。由是他對每一字之疏釋也極之重視其本源，定必求得其「本義」而後安。然而「理」字在先秦經籍中出現甚早，遠

〔註 9〕同註二，頁 173。
〔註 10〕見《與段若膺論理書》，參閱《疏證》頁 184。
〔註 11〕同註七，卷十一，頁 168。

於《詩經》與《左傳》已有使用。既然如此，何以東原不以《詩經》及《左傳》作爲疏釋的對象，反而選擇較晚出的《孟子》？這主要是基於「理」字在《詩經》及《左傳》中仍未算是一個成熟的哲學概念，而且「理」作爲日後宋、明以至清代儒學的核心概念，東原認爲其義理根據主要是出自《孟子》。因此東原在《疏證》中的基本進路，乃以「理」的本義來疏解孟子的「理」，並進而批評宋儒對「理」的看法。

第二節　東原對孟子之「理」的詮釋

在《疏證》中，東原對孟子思想的詮釋主要是落在「理」字。其實東原之所以特別重視孟子所言之「理」，原因亦不難理解。正如前文所述，由於東原對宋儒動輒以一己之意見爲「理」甚感不滿。所以他在《疏證》中不獨要明白表述自己的立場，且更要說明爲何宋儒這種態度是不對的。要達致這兩個目的，著眼於「理」的疏釋自然十分重要。換言之，東原之所以詮釋孟子，就正是要以孟子所言之「理」，作爲批評宋儒非是的根據。然則，究竟要符合怎樣的條件才可以稱之爲「理」，而不是任意的「意見」呢？對於此問題，東原在早期的《緒言》，就有這樣的看法：

> 理也者，天下之民無日不秉持爲經常者也，是以云「民之秉彝」。凡言與行得理之謂懿德，得理非他，言之而是，行之而當爲得理，言之而非，行之而不當爲失理。好其得理，惡其失理，於此見理者，「人心之同然」也。〔註12〕

東原指出「理」是恆常和普遍的律則，應爲人人所遵守。「得理」意謂吾人一言一行均得當無誤；反之，「失理」則表示吾人一言一行均有問題，故此「理」可以說是具有道德意義的律則，對吾人的言行有規範的作用。而東原更認爲吾人的言行亦應當以「理」作爲準則；而吾人這種對待「理」的態度，亦應該是「人心之所同然」，可放諸四海而皆準。換言之，我們不可以再隨一己之私見而任意行事。由於「理也者，人心之所同然」這看法，是由孟子所提出的。於是東原在《疏證》中對孟子詮釋的重點，首先就是要說明孟子所了解的究竟是甚麼性質的「理」？其次，「理」在什麼分際上可以說是「人心之所同然」？

〔註12〕見《緒言》卷上，參閱《疏證》頁84。

孟子關於「理也者，人心之所同然」的討論見於以下文字：

> 口之於味也，有同耆焉；耳之於聲也，有同聽焉；目之於色也，有同美焉。至於心，獨無所同然乎？心之所同然者何也？謂理也，義也。聖人先得我心之所同然耳。故理義之悦我心，猶芻豢之悦我口。
> 〈告子上〉〔註13〕

在此章中，孟子清楚指出「理」就是「心之所同然」，可是作爲心之所同然的理，究竟是什麼意義的「理」呢？就這段文字的脈絡來看，孟子並無具體說明，而東原對此卻有以下的詮釋：

> 問：孟子云：「心之所同然者，謂理也，義也；聖人先得我心之所同然耳。」是理又以心言，何也？
>
> 曰：心之所同然始謂之理，謂之義；則未至於同然，存乎其人之意見，非理也，非義也。凡一人以爲然，天下萬世皆曰「是不可易也」，此之謂同然。舉理，以見心能區分；舉義，以見心能裁斷。分之，各有其不易之則，名曰理；如斯而宜，名曰義。是故明理者，明其區分也；精義者，精其裁斷也。不明，往往界於疑似而生惑；不精，往往雜於偏私而害道。求理義而智不足者也，故不可謂之理義。〔註14〕

從這段文字可以發覺東原對孟子所言之「理」的了解，尤其重視「理」和「意見」的對比。他指出「心之所同然始謂之理，謂之義」正表示「理」之所以爲「理」，乃因爲「理」是人人所認同，人人所首肯，以及天下萬世皆認爲「是不可易也」的。換句話說，「理」絕對不是一己之「意見」。東原在早期的《緒言》，就曾經指出：

> 理義者，非心出一意以可否之，若心出一意以可否之，何異強制之乎！因乎其事，得其不易之則，所謂「有物必有則」，以其則正其物，如是而已矣。〔註15〕

可見東原自始至終，認爲個人所認同，個人所首肯的，只是一己之意見，不可以稱爲「理」。而爲人人所認同的「理」，應是事物和事情的「不易之則」。它是要藉著「心知」的區分和裁斷的能力，對吾人所行之每一事的情勢，以及各種

〔註13〕見朱子《四書章句集注》，頁330。
〔註14〕見《疏證》卷上，〈理〉頁3。
〔註15〕見《緒言》卷上，參閱《疏證》頁92。

事況施以條分縷析，微鑑密察而後才得出的。換句話說，通過區分和察辨所得
的規律就是「理」，而依順這規律行事就是「義」。故此東原再補充云：

> 天地、人物、事為，不聞無可言之理者也，《詩》曰「有物有則」是
> 也。物者，指其實體實事之名；則者，稱其純粹中正之名。實體實
> 事，罔非自然，而歸於必然，天地、人物、事為之理得矣。夫天地
> 之大，人物之蕃，事為之委曲條分，苟得其理矣，如直者之中懸，
> 平者之中水，圓者之中規，方者之中矩，然後推諸天下萬世而準。……
> 夫如是，是為得理，是為心之所同然。〔註16〕

這裏東原引《詩經》的「有物有則」，以及「則者，純粹中正之名也」，正是
要說明孟子之「理」作為吾人行事的準則，乃要對事情和事況，施以條分縷
析而後得出的。換言之，我們對事物及事情的委曲細節，施以分析和鑑別，
目的就是要從事物的自然，進而把握其中的必然。而掌握到事情和事物的必
然規律，吾人行事時以之為準則，就自然會好比「直者之中懸，平者之中水，
圓者之中規，方者之中矩」，放諸四海而皆準，具有必然的普遍性。進一步說，
東原認為這種經過對事物和事情微鑑密察，條分縷析所得的「理」，不再是個
人隨意所發的意見，而應是具有一定客觀性的事物規律。所以「理」就是在
這個意義下，可以說是「心之所同然」。

再者，由於「理」是心之所同然，那麼「理」與「心」二者究竟有怎樣
的關係？從孟子「理義之悅我心，猶芻豢之悅我口」來看，則似乎「理」是
內在於「心」的。然則，究竟東原認為孟子的「理」是內在於心，還是外在
於心？他這樣說：

> 問：以意見為理，自宋以來莫敢致斥者，謂理在人心故也。今曰理
> 在事情，於心之所同然，洵無可疑矣；孟子舉以見人性之善，
> 其說可得聞歟？

> 曰：孟子言「口之於味也，有同耆焉；耳之於聲也，有同聽焉；目
> 之於色也，有同美焉；至於心獨無所同然乎」，明理義之悅心，
> 猶味之悅口，聲之悅耳，色之悅目之為性。味也、聲也、色也
> 在物，而接於我之血氣；理義在事，而接於我之心知。血氣心
> 知，有自具之能：口能辨味，耳能辨聲，目能辨色，心能辨夫
> 理義。味與聲色，在物不在我，接於我之血氣，能辨之而悅之；

〔註16〕見《疏證》卷上，〈理〉頁12。

> 其悦者，必其尤美者也；理義在事情之條分縷析，接於我之心
>
> 知，能辨之而悦之；其悦者，必其至是者也。〔註17〕

從東原重覆所說「味也、色也在物，而接於我之血氣；理義在事，而接於我
之心知」，以及「理義在事情之條分縷析，接於我之心知，能辨之而悦之」和
「心能辨夫理義」這幾點來看，東原認爲孟子之「理」所指的乃是「事物之
理」，「理」在事情，「理」不能離開事物而存在。換言之，「理」並非具於心
中，而是「心」之所對，是外界事物的分理，二者並非爲一，涇渭分明。

復次，「理」既然是外在於心的；那麼，「心」本身又具有什麼性質呢？
東原對孟子的「心」有以下的詮釋：

> 就人心言，非別有理以予之而具於心也，心之神明，於事物咸足以
>
> 知其不易之則，譬有光皆能照，而中理者，乃其光盛，其照不謬也。
>
> 〔註18〕

東原指出「心」之功能就好比神明發出光輝，照耀外物一樣，以察照事物的
理則及規律爲主要功用。這種詮釋再結合前文東原所謂「舉理，以見心能區
分；舉義，以見心能裁斷。分之，各有其不易之則」來看，東原對「心」之
功能的詮釋是前後一貫的。因此，我們可以斷定東原認爲孟子的「心」是一
個「認知心」，作用在於反映及認識事物的規律和條理。由是，東原對孟子「心
之官則思」亦有相近的了解：

> 孟子曰：「耳目之官不思，心之官則思。」是思者，心之能也。精爽
> 有蔽隔而不能通之時，及其無蔽隔，無弗通，乃以神明稱之。凡血
> 氣之屬，皆有精爽。其心之精爽，鉅細不同，如火光之照物，光小
> 者，其照也近，所照者不謬也，所不照斯疑謬承之，不謬之謂得理；
> 其光大者，其照也遠，得理多而失理少。且不特遠近也，光之及又
> 有明闇，故於物有察有不察；察者盡其實，不察斯疑謬承之，疑謬
> 之謂失理。……故理義非他，所照所察者之不謬也。何以不謬？心
> 之神明也。」〔註19〕

東原指出「思」就是心之能，而心的功能從上文的闡述所知，就是指對事物、
事情察識及辨別的功能。因此東原說「故於物有察有不察，察者盡其實，故

〔註17〕見《疏證》卷上，〈理〉頁5。

〔註18〕見《疏證》卷上，〈理〉頁7。

〔註19〕同註十七。

理義非他，所照所察者之不謬也」，可見他認為「思」的作用亦正如「心」一樣，以認識和照察事物的分理為其主要職能。而「思」之功能能否發揮正常，主要關鍵在於「心」有沒有受到蔽隔和障礙。祇要「心」本身精爽而無障隔，能發揮它的「神明」，則定必能達致「所照所察者之不謬」。

此外，在上文中曾提及孟子除主張「心之所同然者，理也義也」之外，亦有「理義悅我心」的看法。東原既然認為「心」與「理」二者並非為同一的關係，而且「心」是認知心，然則他又怎樣處理「理義悅我心」的問題？他說：

> 孟子曰，「理義之悅我心，猶芻豢之悅我口」，非喻言也。凡人行一事，有當於理義，其心氣必暢然自得；悖於理義，心氣必沮喪自失，以此見心之於理義，一同乎血氣之於嗜欲，皆性使然耳。」〔註20〕

「理義之悅我心，猶芻豢之悅我口」從句式上看是比喻句。但東原認為孟子之所以把二者相提並論，並不是基於修辭上的理由。因為心之欣悅理義，正如吾人喜愛吃牛羊犬豕一般，這可以說是吾人之「性」使然。東原更指出這可以從我們的生活體驗中得到證明。因為我們處事得理恰當，往往便感到內心暢快；假若處事失宜，就自然內心覺得沮喪不已，這可以說是我們普遍的經驗。故此，東原對孟子「理義之悅心」的詮釋，可以說是從人性之自然欲求立場上出發的，因而他才有「心之於理義，一同乎血氣之於嗜欲，皆性使然耳」的看法。進一步說，要了解東原對孟子「理義之悅心」的詮釋，就必然要牽涉到東原對孟子之「性」有怎樣的了解。這問題會於下節有更深入的討論。

第三節　東原對孟子之「性」的詮釋

從上節東原對孟子「理義之悅心」的詮釋中，我們知道東原認為吾人內心之所以欣悅理義，是完全因為吾人之「性」使然。然則，東原對孟子之「性」有怎樣的了解？而且他把心悅理義視為吾人之「性」，又是怎樣推導而出的呢？東原在《疏證》對孟子思想的詮釋除主要集中在「理」和「心」之外，對「性」的疏解亦相當多。以下先看看東原怎樣了解孟子的「性」，他這樣說：

> 孟子曰：「凡同類者舉相似也，何獨至於人而疑之！聖人與我同類者」，言同類之相似，則異類之不相似明矣；故詰告子「生之謂性」

〔註20〕同註十八。

> 曰：「然則犬之性猶牛之性，牛之性猶人之性與」，明乎其必不可混
> 同言之也。天道，陰陽五行而已矣：人物之性，咸分於道，成其各
> 殊者而已矣。〔註21〕

孟子與告子「生之謂性」的辯論，是中國哲學史上有關人性論的重要題目。
眾所周知，孟子的立場是反對以「生之謂性」的原則來了解人性，以及認為
人之性與牛之性絕對不可以相混同的。而東原認為孟子所持的理由，是基於
人之性與牛之性是不同類的性。因為人與物從陰陽五行的天道，所秉賦而得
的「性」，根本就是有所差異，各不相同的。換言之，東原乃以「本質」來界
定孟子的「性」，認為「性」是一個「類概念」，可以表示人這個「類」之「性」。
而「類概念」本身則可以用定義的方式來表述。

　　東原上述的觀點，只可以說是從形式上來了解或規定孟子所言之「性」，
可是對「性」的內容卻未有清楚的說明。至於對「性」的內容，東原有這樣
的看法：

> 孟子所謂性，所謂才，皆言乎氣稟而已矣。其稟受之全，則性也；
> 其體質之全，則才也。〔註22〕

東原在此明確指出孟子的「性」乃屬氣稟之性，意謂人與物之「性」乃秉賦
自陰陽氣化的天道而來。至於「才」則指個別人物所獨具的形體氣質，每人
都有個別的獨特性，與其他人不盡相同。換句話說，東原認為孟子之「性」
是就人與物的自然生命之質而言的。因此他再補充說：

> 古人言性，但以氣稟言，未嘗明言理義為性，蓋不待言而可知也。
> 至孟子時，異說紛起，以理義為聖人治天下之具，設此一法以強之
> 從，害道之言皆由外理義而生：人徒知耳之於聲，目之於色，鼻之
> 於臭，口之於味之為性，而不知心之於理義，亦猶耳目鼻口之於聲
> 色臭味也，故曰「至於心獨無所同然乎」，蓋就其所知以證明其所不
> 知，舉聲色臭味之欲歸之耳目鼻口，舉理義之好歸之心，皆內也，
> 非外也，比而合之以解天下之惑，俾曉然無疑於理義之為性，害道
> 之言庶幾可以息矣。孟子明人心之通於理義，與耳目鼻口之通於聲
> 色臭味，咸根諸性，非由後起。〔註23〕

〔註21〕見《疏證》中，〈性〉頁 25。

〔註22〕見《疏證》卷下，〈才〉頁 39。

〔註23〕見《疏證》卷上，〈理〉頁 6。

從「耳之於聲，目之於色，鼻之於臭，口之於味爲性」來看，可見東原認爲
孟子的「性」，純粹爲「氣稟之性」，而「性」可包括人的自然生理欲求在內。
更且東原認爲自古以來，都是以氣稟「言性」的，只不過在孟子當時，異說
紛起，有人持不同的觀點，認爲心知通乎理義並不是吾人之性。所以孟子乃
不得不出來澄清，說明「人心之通於理義」正如耳目鼻口之通於聲色臭味。
這種行爲是吾人「氣稟之性」本身所涵具的，是吾人「氣稟之性」的自然要
求。進一步說，「至於心獨無所同然乎」乃表示，由於心通乎理義乃吾人之「性」
的自然要求，因此這個要求才可以說是人人皆然的。東原接著再說：

> 孟子曰：「心之所同然者，謂理也，義也；聖人先得我心之所同然耳。」
> 於義外之說必致其辨，言理義之爲性，非言性之爲理。性者，血氣
> 心知本乎陰陽五行，人物莫不區以別焉是也，而理義者，人之心知，
> 有思輒通，能不惑乎所行也。〔註24〕

東原這段話的意思與上段乃前後一貫，目的在指出孟子認爲「性」的內容主
要就是血氣心知，因此「心知通乎理義」可以說是吾人之「性」，但「理」本
身卻不可以視爲吾人之性。因爲「理」本身是事物之理，是對事情和事物施
以條分縷析而得出的，因是它並不是存於吾人的心性之中。進一步說，基於
東原認爲「人心之通乎理義」是吾人之性，而「性」本身屬氣稟之性；於是
心悅理義的「悅」從「心知之悅其至是」和「耳目之悅其尤美」的比對來看，
可見這種悅亦只是一種「感性」的悅，而非出自「理性」的悅。

　　此外在孟子的人性論中，孟子認爲人性是善的。而人性之所以是善，孟
子是從惻隱、是非、羞惡、辭讓之心的自然流露，無所計度而推證的。對於
孟子這個推證，東原也有以下的詮釋：

> 孟子言「今人乍見孺子將入井，皆有怵惕惻隱之心」，然則所謂惻隱、
> 所謂仁者，非心知之外別「如有物焉藏於心」也。己知懷生而畏死
> 故怵惕於孺子之危，惻隱於孺子之死，使無懷生畏死之心，又焉有
> 怵惕惻隱之心？推之羞惡，辭讓、是非亦然。……此可以明仁義禮
> 智非他，不過懷生畏死……古聖賢所謂仁義禮智，不求於所謂欲之
> 外，不離乎血氣心知。〔註25〕

從「今人乍見孺子將入於井，皆有怵惕惻隱之心」的例證，可見孟子是由惻

〔註24〕見《疏證》卷中，〈性〉頁28。
〔註25〕見《疏證》卷中，〈性〉頁29。

隱之心的自發，由心善而進一步言性善的。但東原認為吾人之所以會有「惻隱之心」的流露，會有拯救孺子的行動，完全是因我們害怕死亡。而由於人人都不喜歡見到死亡，故此才會關心孺子生命的安危，才會有救人的舉動。換句話說，東原的詮釋表示我們之所以有「惻隱之心」的流露，並不是基於「性善」，而是出於求生的本能欲望。順此，對孟子所言的「性善」，東原這樣了解：

> 孟子道性善，察乎人之才質所自然，有節於內之謂善也。〔註26〕
>
> 「孟子道性善，言必稱堯舜」，非謂盡人生而堯舜也。……然人之心知，於人倫日用，隨在而知惻隱，知羞惡，知恭敬辭讓，知是非，端緒可舉，此之謂性善。〔註27〕
>
> 孟子之所謂性，即口之於味、目之於色、耳之於聲、鼻之於臭、四肢於安佚之為性；所謂人無有不善，即能知其限而不踰之為善，即血氣心知能底於無失之為善。〔註28〕

從這三段詮釋，可見東原認為孟子道「性善」，並非表示「性」本身是善的。性只屬氣稟之性，而「性善」所表示的乃吾人以心知檢察自我之「性」所發的自然欲求，使這些欲求能知其限，有所節制。換言之，通過心知的作用，在人倫日用之中，吾人行事能因應事情而知所惻隱、羞惡、是非，這樣才可算是「性善」。故此依東原的詮釋，則孟子的「性善」是要藉著心知的作用，對「性」加以檢察才可以達致的。而依順這種見解，東原對孟子「盡心、知性、知天」乃有以下的詮釋：

> 問：孟子言：「盡其心者，知其性也，知其性則知天矣。」所謂心，所謂性，所謂天，其分合之故可言歟？
>
> 曰：人分於陰陽五行以成性，而其得之也全。……性之欲，其自然也；性之德，其必然也。自然者，散之見於日用事為；必然者，約之各協於中。知其自然，斯通乎天地之化，知其必然，斯通乎天地之德；故曰「知其性則知天矣」，以心知之，而天人道德靡不豁然於心，此之謂「盡其心」。〔註29〕

〔註26〕見《原善》卷中，參閱《疏證》頁69。
〔註27〕同註二十四。
〔註28〕見《疏證》卷中，〈性〉頁38。
〔註29〕見《緒言》卷上，參閱《疏證》頁96～97。

所謂「知性知天」，依東原的詮釋，就是以心知規限「性」之自然之欲，使其有所節約，此之謂「知性」。而性之自然，能節於內而不失，就是通乎天地之化，也就是「知天」。至於心能知乎「性」之自然，並使其進於必然，通乎天地之化，就是「盡心」。由此可見，東原對「盡心、知性、知天」的了解，和他對孟子「性善」的詮釋可以說是同一理路的伸展，前後一貫的。

　　綜合上文的分析，可見東原對孟子之「理」、「心」及「性」的詮釋有幾個特點。首先，東原認為「理」是事物之理，而「理」之所以是「人心之所同然」，是基於「理」乃吾人透過心知的理智活動，對客觀的事物及事情施以條分縷析，微鑑密察而得出的。其次，心悅理義的心是「認知心」，以照察辨析客觀事物之理為其主要職能。因此「理」外在於心，是心的所對，而心與理截然二分。復次，「性」是氣稟之性，稟賦於天道的陰陽氣化。而心知是「性」的自然本能之一，因此心悅理義亦可以說是吾人之「性」所致。但是「理」卻不可以視作吾人之「性」，因為「理」在事物之中，是要吾人通過心知對事物分析之後才可以得出的。而東原就是根據以上對孟子義理的了解及詮釋，展開對朱子的批評。

第三章　東原對朱子的批評

第一節　東原批評朱子的原因

　　東原在《疏證》的主要工作除疏釋孟子之外，就是批評宋儒。而東原對宋儒的批評其實所針對的主要是朱子，而要了解朱子何故備受東原攻訐，乃必得先了解東原對宋儒的基本立場。東原對宋儒的看法，早期與晚期並不一樣。從東原早年的著作來看，他的治學方向在當時雖未必深契宋儒，但對宋儒的學問仍是基本肯定的。東原在《與方希原書》就有這樣的看法：

　　古今學問之途，其大致有三：或事於理義，或事於制數，或事於文章，事於文章者，等而末之也。……聖人之道在六經？漢儒得其制數，失其義理；宋儒得其義理，失其制數。〔註1〕

可見東原在此階段對宋儒的思想仍未有全盤否定，認爲宋儒於學問之途，猶得義理之一端。事實上，東原在早期的《原善》並未有排詆宋儒，要到較後的《緒言》始有批評宋儒的論點出現。而發展至後期，在《疏證》以及與時人論學的書信中，東原對宋儒的不滿就十分明顯了，其大者主要有以下幾方面：

　　一、宋儒對經籍的理解由於不重訓詁考據，義理流於空疏。

　　二、宋儒隨意以自我一己的意見，強行解釋聖人的道理，往往不合聖人的本意。

　　三、宋儒的義理雜入異學之言，以致對聖人的學問未能有相應的了解。

此外，東原更指出由於宋儒上述這些流弊，在清代更形成了一種隨意以個人一己的意見爲「理」，並且以「理」作爲處事準則的風氣。對於時人這種處事方式，東原更有以下的批評：

> 《六經》、孔、孟之言以及傳記群籍，理字不多見。今雖至愚之人，悖戾恣睢，其處斷一事，責詰一人，莫不輒曰理者，自宋以來始相皆成俗，則以理爲「如有物焉，得於天而具於心」，因以心之意見當之也。於是負其氣，挾其勢位，加以口給者，理伸；力弱氣懾，口不能道辭者，理屈。嗚呼，其孰謂以此制事，以此制人之非理哉！……凡事至而心應之，其斷於心，輒曰理如是，古聖賢未嘗以爲理也。不惟古賢聖未嘗以爲理，昔之人異於今人之一啓口而曰理，其亦不以爲理也。昔人知在己之意見不可以理名，而今人輕言之。〔註2〕

東原在此明白指出當時人每每倚仗權勢，任意以自己的意見爲「理」，其甚者更有藉之處事，而至欺壓別人。因是「理」並無原則性可言，只淪爲欺壓別人的借口。所謂「凡事至而心應之，其斷於心，輒曰理如是，古聖賢未嘗以爲理也。……昔人知在己之意見不可以理名，而今人輕言之」，正指出當時人對「理」的這種態度，完全不符合古聖賢之做法。而東原認爲這種現象之所以出現，歸根究底，乃由宋儒做成的。

尤有甚者，東原指出宋儒上述這種錯誤，遺害甚烈，更做成了「以理殺人」的現象。而對於所謂「以理殺人」，東原有這樣的指責：

> 今之治人者，視古賢聖體民之情，遂民之欲，多出於鄙細隱曲，不措諸意，不足爲怪；而及其責以理也，不難舉曠世之高節，著於義而罪之。尊者以理責卑，長者以理責幼，貴者以理責賤，雖失，謂之順；卑者、幼者、賤者以理爭之，雖得，謂之逆。於是下之人不能以天下之同情、天下所同欲達之於上；上以理責其下，而在下之罪，人人不勝指數。人死於法，猶有憐之者；死於理，其誰憐之！……《六經》、孔、孟之書，豈嘗以理爲如有物焉，外乎人之性之發爲情欲者，而強制之也哉！〔註3〕

東原指出在以「理」壓人的場合中，往往是在高者以勢挾理，欺凌卑小。然而「理」實質祇不過是他們隨心所欲，獨斷的意見，根本沒有理會人之常情以及

〔註2〕 見《疏證》卷上〈理〉頁4。
〔註3〕 見《疏證》卷上〈理〉頁10。

人之常欲。於是卑下者只得忍氣吞聲，逆來順受，而甚者更有爲「理」欺迫至死。東原指出古聖賢是以「體民之情，遂民之欲」爲處事原則的，絕無「以理責人」的做法。換言之，當時人這種以「理」來欺凌別人，以及抑壓情欲的處事態度，根本是有違聖人道理的。東原指出這種毛病之所以出現，主要是歸究於受宋儒以理「爲如有物焉，得於天而具於心」的看法影響。東原云：

> 程朱以理爲「如有物焉，得於天而具於心」，啓天下後世人人憑在己
> 之意見而執之曰理，以禍斯民；更淆以無欲之說，於得理益遠，於
> 執其意見益堅，而禍斯民益烈。豈理禍斯民哉？不自知爲意見也。
> 離人情而求諸心之所具，安得不以心之意見當之！〔註4〕

可見東原認爲「以理殺人」完全是宋儒高揚「天理」，並且隨意執一己之意見爲「理」的結果，而其禍首乃程朱。故東原乃希望藉批評朱子，既可以使時人明白宋儒的過失，更得以糾正時人以一己之意見爲理的陋習。

對於東原之所以深惡痛絕「以理殺人」這種現象，章太炎先生於《悲先戴》一文中亦有以下的見解：

> 戴君生雍正末，親見賊渠之遇士民，不循法律，而以洛、閩之言相
> 稽。哀矜庶戮之不辜，方告無辜於上，其言絕痛。〔註5〕

依章氏的分析，東原之所以不滿宋儒，乃是有感於清朝的統治者據權位，於責備臣下時，每每不依律法，任意以宋儒之道理爲借口，假「天理」之名而隨意殺人。此外，勞思光先生對此亦有以下的看法：

> 中國傳統思想中，政治生活之獨立領域迄未爲人所了解，因之，政
> 治生活常視爲道德生活之延長。此已是一大病。而更有甚者，執政
> 之人每誤以道德生活之標準作爲其政治主張之依據。於是，當人民
> 陷於難苦生活中，執政者視若無睹。此雖非常見之事，亦非罕有也。
> 戴氏時，程朱之學已成官學；科甲出身之官員，蓋無有不讀程朱之
> 書者。此輩未必能眞有作聖賢之高志，然皆能以程朱理論爲自身解
> 嘲。戴氏大約有見於此，故認爲貶低人之欲求，乃使執政者不關心
> 人民之苦樂；而立其說以反「理欲說」者，主旨即在於強調「遂民
> 之欲」也。〔註6〕

〔註4〕　見《答彭進士允初書》，本文收於《疏證》，參看頁169。
〔註5〕　見《章太炎選集》，頁406。
〔註6〕　見勞思光先生著《中國哲學史》，第三卷，下冊，頁943。

勞先生的觀點主要是就東原當時的政治及生活背景立論，雖然與章太炎的看法所針對的重點有所不同，然而卻可說為東原之所以反對「揚天理、去人欲」提供一外緣的說明。

由以上的分析，可見東原既欲糾正時人這種錯誤，乃有必要對宋儒的思想施以全面的檢討。而東原之所以反對宋儒，不論在義理、考據，以至社會政治，都可以說是有一定理據的。東原對宋儒的批評，雖然亦有涉及周、張、二程，以及陸、王，可是所論不多。而在重要觀念的檢討上，由「理」、「性」、「理欲」，以至「理氣」，主要都是針對朱子而發的。事實上，由於朱子的思想可以說是宋代理學的集大成，因此假若能指證朱子的錯誤，就差不多等於能夠駁倒宋儒了。由是，東原乃以朱子為其主要批評的對象。

第二節　東原對朱子「理」、「性」、「理欲」及「理氣」的批評

在宋代理學，「理」是最基本的觀念之一，宋儒稱之為渾然之理、形上之理，以及天理。而從上節的闡述，可知東原認為「以理殺人」，以及執自己的意見為「理」，並藉之而處事的毛病，主要乃受朱子對「理」的看法影響所致。是以，東原認為要批評朱子，首先就要對「理」提出有力的質疑，尤其是「理為如有物焉，得於天而具於心」的觀點就更有問題，東原云：

> 宋以來儒書之言，以理為「如有物焉，得於天而具於心」。……《六經》、孔、孟之言以及傳記群籍，理字不多見。……凡事至而心應之，其斷於心，輒曰理如是，古聖賢未嘗以為理也。不惟古聖賢未嘗以為理，昔之人異於今人之一啟口而曰理，其亦不以為理也。昔人知在己之意見不可以理名，而今人輕言之。……今使人任其意見，則謬；使人自求其情，則得。〔註7〕

所謂「理如有物焉，得於天而具於心」，據東原解釋，是本自朱子「理在人心，是謂之性。心是神明之舍，為一身之主宰；性便是許多道理得之天而具於心者」的看法。其實，朱子這句話表示「理」雖然是超越的，可是亦可通過心的認知作用，內具於吾人之心。換言之，朱子主張「理具於心」；然而東原指出朱子這種看法，在《六經》、孔、孟的經籍中根本找不到義理上的根據，理

〔註7〕見《疏證》卷上〈理〉頁3～4。

具於心實則只是把意見當作「理」而已。自古以來聖賢都知道「意見」絕對不可以視作「理」，「理」應該是在「情」中，透過一定的思索而獲取的，故東原認爲朱子上述之觀點並不妥當。進一步說，把自己的意見當作必然之「理」，這種看法亦是無法成立的。

復次，朱子除主張「理如有物焉，得於天而具於心」之外，亦有「性即理」的看法，把「性」區分爲「義理之性」與「氣稟之性」。東原對於朱子這種看法亦同樣深表懷疑，他說：

> 後儒以人之有嗜欲出於氣稟，而理者，別於氣稟者也。……古人言性，但以氣稟言，未嘗明言理義爲性，蓋不待言而可知也。……孟子明人心之通於理義，與耳目鼻口之通於聲色臭味，咸根諸性，非由後起。後儒見孟子言性，則曰理義，則曰仁義禮智，不得其說，遂於氣稟之外增一理義之性，歸之孟子矣。〔註8〕

東原指出自古以來，儒學傳統對「性」的看法，都是以氣稟言性，而沒有以理義爲性的。孟子主張「理義爲性」，乃基於人心之通於理義，正如耳目鼻口之通於聲色臭味，是人性的本然，但這種性實質乃屬「氣稟之性」。然而朱子對孟子的性並不這樣了解，反而在氣稟之性以外，另設一「義理之性」，這種做法實有違孟子的原意。東原指出朱子之所以會有這種誤解，其實與「理得於天而具於心」的觀點有密切的關係。因爲「理」本身既然是超越的，乃必須要與形下的氣稟嚴格區別開。於是朱子乃不得不於孟子的「氣稟之性」外，另增設一「義理之性」。而由於對「性」之理解不同，東原再以孟子的義理爲依據，對朱子「義理之性」和「氣質之性」的區別提出了以下的批評：

> 問：孟子曰：「口之於味也，目之於色也，耳之於聲也，鼻之於臭也，四肢之於安佚也，性也，有命焉，君子不謂性也；仁之於父子也，義之於君臣也，禮之於賓主也，智之於賢者也，聖人之於天道也，命也，有性焉，君子不謂命也。」宋儒以氣質之性非性，其說本此……仁義禮智之懿不能盡人如一者，限於生初，所謂命也，而皆可以擴而充之，則人之性也。謂性猶云「藉口於性耳」耳；君子不藉口於性以逞其欲，不藉口於命之限之而不盡其才。後儒未詳審文義，失孟子立言之指。不謂性非不謂之性；不謂命非不謂之命。〔註9〕

〔註8〕見《疏證》卷上〈理〉頁6。
〔註9〕見《疏證》卷中〈性〉頁36～38。

東原指出朱子「義理」與「氣質」之性的區別，從表面看其根據是出自孟子，但實則對孟子的原意是完全曲解的。「義理」與「氣質」之性的對比乃張橫渠最早提出，伊川亦有相近的觀點，朱子則總結了二人的主張，而提出自己的看法。這種看法認爲孟子「性命對揚」的義蘊，乃主張耳目鼻口之欲不是性而是命，仁義禮智不是命而是性，因是把耳目鼻口之欲統稱爲「氣質之性」，仁義禮智則統稱爲「義理之性」。這個對比顯示出一個價值的判準，以義理之性爲純正，必然屬善；氣質之性爲駁雜，有惡的可能；於是乃有「存天理，去人欲」的主張，重視「義理之性」的存養，排斥「氣質之性」所發的欲望。而藉著二者的對揚，人的道德價值及理想方可得以彰顯。

然而，依東原的詮釋，孟子所說「君子不謂性」的「謂性」，並非表示「不以此爲性」，而是「不以性爲藉口」的意思。故東原認爲孟子本意是說：君子既不會以性之自然爲藉口而求遂其欲；亦不會以命限爲藉口而不盡其才。假若東原的詮釋是對的話；那麼，朱子對孟子的了解便可說是全不諦當，而「義理」與「氣質」之性的對比亦不能成立。進一步說，朱子由「義理」與「氣質」之性的對比推導而出的「理欲之辨」，以及「存天理，去人欲」的主張，亦應重新考察及批評。東原接著說：

> 宋以來之言理也，其說爲「不出於理則出於欲，不出於欲則出於理」，故辨乎理欲之界，以爲君子小人於此焉分。……然則謂「不出於正則出於邪，不出於邪則出於正」，可也；謂「不出於理則出於欲，不出於欲則出於理」，不可也。欲，其物；理，其則也。不出於邪而出於正，猶往往有意見之偏，未能得理。而宋以來之言理欲也，徒以爲正邪之辨而已矣，不出於邪而出於正，則謂以理應事矣。理與事分爲二而與意見合爲一，是以害事。夫事至而應者，心也；心有所蔽，則於事情未之能得，又安能得理乎！……《六經》、孔、孟之書，豈嘗以理爲如有物焉，外乎人之性之發爲情欲者，而強制之也哉！
> 〔註10〕

這裏東原指朱子「理欲之辨」清楚區別以理爲正、以欲爲邪，主張吾人行事只要出於正而不出於邪，便自然是合於理的。但對朱子這種看法，東原認爲根本是錯誤的，所謂「欲，其物；理，其則也」，他主張「理」雖然是「欲」的規範原則，但「理」本身是對人情欲求施以微鑑密察而後才得出的。反之，

〔註10〕見《疏證》卷上〈理〉頁8～10。

朱子所謂的「出於正」並無充份的理由,「出於正」祇是隨個人的意見而決定,對人情本身根本未有充份的體察。換言之,朱子所謂「以理應事」祇是以心中的「理」來應事,而理往往與意見合而爲一,乃由個人隨意的意見來決定。東原認爲這種做法不獨不可以應事,實質祇是「以埋害事」,必須反對。再者,由於東原強調「義理之性」與「氣稟之性」的對比根本不能成立;於是,由此而推出的「理欲之辨」亦無根據可言。故此東原最後乃斷定這種以理制欲的方式,祇會導致對情欲施以不正常的壓抑,而且更有違孔孟的本意。

除「理欲」的對比之外,「理氣」的關係亦是朱子理學的主要論題,而環繞這論題而展開的討論,最重要的首推「理氣二分」及「理生氣」。東原在這兩方面的見解與朱子俱有所不同,他在《疏證》中云「《六經》、孔、孟之書不聞理氣之辨,而後儒創言之,遂以陰陽屬形而下,實失道之名義也。」〔註11〕東原明確指出在儒家的原始經籍中並無理氣之分,因而理氣之辨有遺聖賢的教訓。就此,他對朱子有以下的批評:

> 問:《易》曰:「形而上者謂之道,形而下者謂之器。」程子云:「惟此語截得上下最分明,元來止此是道,要在人默而識之。」後儒言道,多得之此。朱子云:「陰陽,氣也,形而下者也;所以一陰一陽者,理也,形而上者也;道即理之謂也。」朱子此言,以道之稱惟理足以當之。今但曰「氣化流行,生生不息」,乃程朱所目爲形而下者……

> 曰:氣化之於品物,則形而上下之分也。形乃品物之謂,非氣化之謂。《易》又有之:「立天之道,曰陰與陽。」直舉陰陽,不聞辨別所以陰陽而始可當道之稱,豈聖人立言皆辭不備哉?一陰一陽,流行不已,夫是之謂道而已。……《易》「形而上者謂之道,形而下者謂之器」,本非爲道器言之,以道器區別其形而上形而下耳。形謂已成形質,形而上猶曰形以前,形而下猶曰形以後。陰陽之未成形質,是謂形而上者也,非形而下明矣。器言乎一成而不變,道言乎體物而不可遺。不徒陰陽非形而下,如五行水火木金土,有質可見,固形而下也,器也;其五行之氣,人物咸稟受於此,則形而上者也。〔註12〕

〔註11〕見《疏證》卷中〈天道〉頁22。
〔註12〕見《疏證》卷中〈天道〉頁21~22。

依東原之疏辨，在陰陽氣化渾淪未分，還沒有形成金、木、水、火、土和具體的人和物之前，就是「形而上」，也就是「道」；至於形成具體的人、物之後，就是「形而下」，亦即是「器」。這裏「形而上」與「形而下」所表示的是成形質之先後，「形而上」指未成形質以前，一陰一陽的氣化流行不已；「形而下」則指成形質之後，即氣化流行之結果。故此，不論「形而上」、「形而下」都是指氣化流行的過程。換言之，在氣化流行之外，既沒有超越意義的形而上之「理」，也沒有超越意義的形而上之「本體」。因此，東原認為宋儒「理氣二分」的觀點根本不能成立。

除「理氣二分」之外，東原對朱子「理生氣」之主張亦持相反意見。在朱子的思想中，「太極」相當於「理」。因此東原對朱子「理生氣」的看法，可以從他對「太極」的批評中見出。東原云：

> 問：後儒論陰陽，必推本「太極」，云「無極而太極，太極動而生陽；動極而靜，靜而生陰；靜極復動。一動一靜，互為其根，分陰分陽，兩儀立焉。」朱子釋之云：「太極生陰陽，理生氣也。陰陽既生，則太極在其中，理復在氣之內也。」又云：「太極，形而上之道也；陰陽，形而下之器也。」今既辨明形乃品物，非氣化，然則「太極」「兩儀」，後儒據以論道者，亦必傅合失之矣。自宋以來，學者惑之已久，將何以解其惑歟？

> 曰：後世儒者紛紛言太極，言兩儀，非孔子贊《易》太極兩儀之本指也。孔子曰：「《易》有太極，是生兩儀，兩儀生四象，四象生八卦。」曰儀，曰象，曰卦，皆據作《易》言之耳，非氣化之陰陽得兩儀四象之名。……孔子贊《易》，蓋言《易》之為書起於卦畫，非漫然也，實有見於天道一陰一陽為物之終始會歸，乃畫奇偶兩者從而儀之，故曰「《易》有太極，是生兩儀」。既有兩儀，而四象，而八卦，以次生矣。孔子以太極指氣化之陰陽，承上文「明於天之道」言之，即所云「一陰一陽之謂道」，以兩儀四象、八卦指《易》畫。後世儒者以兩儀為陰陽，而求太極於陰陽之所由生，豈孔子之言乎！〔註13〕

朱子對「太極」的體會是以太極為「理」，而太極動而生陽，就是理生氣的意思。但東原指出依孔子的意思，「太極」所指的是氣化之陰陽，而「兩儀、四

〔註13〕見《疏證》卷中〈天道〉頁 22～23。

象」亦非氣化之過程，只是表示易之卦畫而已。因此，「太極」並非生化萬物之「理」。對此，東原在早期的《緒言》中曾云：「太極指氣化之陰陽……萬品之流形，莫不會歸於此。極有會歸之義，太者，無以加乎其上之稱；以兩儀、四象、八卦指《易》畫。」〔註14〕表示「太極」不過是萬物所歸結的極致，此外再沒有什麼東西可以加乎其上的意思。故此東原對太極的的詮釋與朱子全然不同，「太極」並無形上道體的意味。是以朱子「太極生陰陽」的觀點固然不能成立，而「理生氣」亦不能證成。

綜合上文的闡述，可見東原指出朱子不論在「理」、「性」、「理欲」以及「理氣」方面的體會，都有遺孔孟的本意。而朱子的理解之所以有毛病，東原認為主要是由於老、釋的影響。關於朱子思想與老釋的關係，將於下節中再作探討。

第三節　東原對朱子與釋老關係的批評

宋儒思想與佛道關係的分辨問題，一直以來都最為反宋儒的學者所關注，而其中甚者更直斥宋儒為「陽儒陰釋」，並非儒門正宗。事實在宋代，諸位大儒對釋道都有所涉獵。伊川於《明道先生行狀》就曾指出明道「慨然有求道之志，泛濫於諸家，出入於老釋者幾十年，返求諸六經，然後得之」。〔註15〕而朱子自己亦曾經表示：「蓋出入於釋老者十餘年，近歲以來，獲親有道，始知所向。」〔註16〕可見朱子於求學初年，對釋、老二者亦曾下過一番功夫。故此對於宋儒與老釋的關係，東原在《與彭進士允初書》中就有這樣的看法：

> 宋以前，孔孟自孔孟，老釋自老釋；談老釋者高妙其言，不依附孔孟。宋以來，孔孟之書盡失其解，儒者雜襲老釋之言以解之。於是有讀儒書而流入老釋者：有好老釋而溺其中，既而觸於儒書，樂其道之得助，因憑藉儒書以談老釋者；對同己則共證心宗，對異己則寄託其說於《六經》、孔、孟，曰：「吾所得者，聖人之微言奧義。」而交錯旁午，屢變益工，渾然無罅漏。〔註17〕

從這段話來看，可以發現東原認為自宋以來，讀書人不辨孔、孟與釋老，每

〔註14〕見《緒言》卷上，參見《疏證》頁81。
〔註15〕見《河南程氏文集》卷第十一，本文收於《二程集》第二冊，參看頁638。
〔註16〕見《答江元適書》，本文收於《朱子大全》第四冊，卷三十八，參看頁35。
〔註17〕本文收於《疏證》，參看頁161。

每雜老釋之言以解經，以致對孔孟經籍均有所誤解，其中理解的眞僞亦難以分辨。是以東原在《緒言》和《疏證》，就反覆申述，直截指出朱子的學問表面上爲孔孟的眞傳，實質乃取資於佛道二家。東原在《緒言》這樣說：

> 孔子之後，異說紛起，能發明孔子之道者，孟子也……嘗求之老釋，能卓然覺寤其非者，程子、張子、朱子也。然先入於彼，故其言道爲氣之主宰樞紐，如彼以神爲氣之主宰樞紐也；以理爲生氣，如彼以神能生氣也；以理墮形氣之中，變化氣質則復其初，如彼以神受形氣而生，不以形氣物欲累之則復其初也。皆改其所指爲神識者以指理，故言「儒者以理爲不生不滅」，豈聖賢之言哉！「天地之初理生氣」，豈其然哉！〔註18〕

東原在這段話指出橫渠、二程與朱子雖然是歸宗於儒，然而由於他們在求學初年曾涉足於釋老之門，在義理上往往基於先入之見，始終未能完全脫離釋道的氣味。因而對「理」、「理生氣」以至「理欲」問題的理解，都滲進了釋老的觀點，有遺孔孟的本義。

首先東原認爲朱子以「理如有物焉，得於天而具於心」的看法就是來自老釋的「眞宰」及「眞空」。他說：

> 自宋以來，謂「理得於天而具於心」……老氏之「抱一」「無欲」，釋氏之「常惺惺」，彼所指者，曰「眞宰」，曰「眞空」，而易以理字便爲聖學。既以理爲得於天，故又創理氣之說，譬之「二物渾淪」；於理極其形容，指之曰「淨潔空闊」；不過就老、莊、釋氏所謂「眞宰」「眞空」者轉之以言夫理。〔註19〕

朱子之「理」爲超離於形氣之上的萬物主宰，而且本身潔淨空闊，無形可見。東原認爲這種見解，其實乃脫胎自釋、老之「眞宰」及「眞空」，並非儒家的本義。「眞宰」出自莊子《齊物論》：「若有眞宰，而特不得其朕」，意謂造化的主宰並無徵象可見。至於「眞空」則爲佛家用語，表示萬物皆無自體，諸法皆空。而朱子之「理」潔淨空闊，無形可尋，與老釋的「眞宰」及「眞空」似乎頗有關係。故此東原乃基於這原因，判定朱子言「理」乃雜乎老釋之言。再次，不獨「理」是如此，朱子所言之「理氣二分」，亦與釋老之「神識」有密切的關係。東原云：

〔註18〕見《緒言》卷下，參看《疏證》頁128。
〔註19〕見《疏證》卷上〈理〉頁11～12。

在老、莊、釋氏就一身分言之，有形體，有神識，而以神識爲本。推而上之，以神爲有天地之本，遂求諸無形無迹者爲實有，而視有形有迹爲幻。在宋儒以形氣神識同爲己之私，而理得於天。推而上之，於理氣截之分明，以理當其無形無迹之實有，而視有形有迹爲粗。〔註20〕

所謂「神識」本爲佛家語，表示有情之心識，靈妙不可思議，亦即靈魂，而道家之莊子亦有「重神遺形」的主張。基於以上這些見解，釋、道乃把自我區別爲「神識」與「形體」，形體爲實在之形軀，神識則爲無形的精氣，可爲天地之本。而東原認爲程朱受老、莊、釋氏的影響，於是亦把「理」視爲天地陰陽之本源，把理氣截而分爲二，由是乃有「理生氣」的看法，但此實有違孔孟的看法。故此東原再補充云：「老、莊、釋氏尊其神爲超乎陰陽氣化，此尊理爲超乎陰陽氣化」〔註21〕，就更清楚指出朱子之「理」與老釋之「神識」的個中關係。

除「理氣之辨」外，東原認爲朱子「存天理，去人欲」的主張亦與老、釋的思想有密切的關係。他說：

自老氏貴於「抱一」，貴於「無欲」……老氏所以言「常使民無知無欲」；彼自外其形骸，貴其眞宰；後之釋氏，其論說似異而實同。宋儒出入於老釋，故雜乎老釋之言以爲言……聖人治天下，體民之情，遂民之欲……《六經》、孔、孟之書，豈嘗以理爲如有物焉，外乎人之性之發爲情欲者，而強制之也哉！〔註22〕

宋儒之中，最早提出「無欲」的是濂溪，有「無欲則靜虛動直。靜虛則明，明則通；動直則公，公則溥」的看法。〔註23〕濂溪這種觀點經二程，再發展到朱子，便成爲「居敬主靜」和「存天理，去人欲」的主張。東原認爲朱子對「人欲」的這種看法，乃完全承自老釋的「無欲」，與孔孟體民情、遂民欲的主張完全違背。對此，他再補充說：

老聃莊周「無欲」之說，及後之釋氏所謂「空寂」，能脫然不以形體之養與有形之生死累其心，而獨私其所謂「長生久視」，所謂「不生不滅」者……宋儒程子朱子，易老、莊、釋氏之所私者而貴理，易

〔註20〕見《疏證》卷中〈天道〉頁24。
〔註21〕見《疏證》卷上〈理〉頁18。
〔註22〕見《疏證》卷上〈理〉頁9～10。
〔註23〕見《通書》〈聖學〉第二十，本文收於《周敦頤集》，參看頁29。

彼之外形體者而咎氣質；其所謂理，依然「如有物焉宅於心」。於是
辨乎理欲之分，謂「不出於理則出於欲，不出於欲則出於理」，雖視
人之飢寒號呼，男女哀怨，以至垂死冀生，無非人欲，空指一絕情
欲之感者爲天理之本然，存之於心。〔註24〕

這裏東原更清楚指出朱子的「理欲之辨」，其實是本於釋老外形體、貴眞宰的
見解，於是乃輕視氣質欲望的要求，而重視對天理的存養，這種做法根本無
視吾人在現實上的正常欲求。

再次，東原認爲由於「理如有物焉，得於天而具於心」的影響，朱子在
修養功夫上更有不重視形軀，而有擺除形軀宥限，得以恢復其原初潔淨之境
的傾向。東原云：

宋儒以理爲「如有物焉，得於天而具於心」，人之生也，由氣之凝結
生聚，而理則湊泊附著之，因以此爲「完全自足」，如是，則無待於
學。……因謂「理爲形氣所汙壞，故學焉以復其初」……「復其初」
之云，見莊周書。蓋其所謂理，即如釋氏所謂「本來面目」，而其所
謂「存理」，亦即如釋氏所謂「常惺惺」……程子朱子謂氣稟之外，
天與之以理，非生知安行之聖人，未有不汙壞其受於天之理者也，
學而後此理漸明，復其初之所受……試以人之形體與人之德性比而
論之，形體始乎幼小，終乎長大；德性始乎蒙昧，終乎聖智。其形
體之長大也，資於飲食之養，乃長日加益，非「復其初」；德性資於
學問，進而聖智，非「復其初」明矣。〔註25〕

佛家之所謂還其「本來面目」及「常惺惺」，旨在藉此去人我兩執，而歸於寂
靜。而莊子之「復其初」亦是意謂吾人要超拔乎世俗之惑亂，而復歸其眞宰。
但東原指出朱子卻把釋道之「初」及「本來面目」改易爲「理」，於是認爲「復
其初」就是明理及存理的功夫，東原認爲朱子這種見解是不對的。因爲就以
吾人的形體和德性來看，形體始乎幼小，終乎長大；德性始乎蒙昧，終乎聖
智。此中二者都是逐漸長大和趨於完成，絕非反向而復其初的，故東原認爲
朱子這種雜乎老釋的見解也是不能成立的。

最後東原更指出朱子在人倫日用的關注方面，亦同樣受到老釋的影響，
不合古聖賢之道。東原云：

〔註24〕見《疏證》卷下〈權〉頁53。
〔註25〕見《疏證》卷上〈理〉頁13～14。

> 古聖賢之所謂道，人倫日用而已矣，於是而求其無失，則仁、義、
> 禮之名因之而生……宋儒合仁、義、禮而統謂之理，視之「如有物
> 焉，得於天而具於心」，因以此爲「形而上」，爲「沖漠無朕」；以人
> 倫日用爲形而下」，爲「萬象紛羅」。蓋由老、莊、釋氏之舍人倫日
> 用而別有所謂道，遂轉之以言夫理。在天地，則以陰陽不得謂之道，
> 在人物，則以氣稟不得謂之性，以人倫日用之事不得謂之道。《六
> 經》、孔、孟之言，無與之合者也。〔註26〕

東原指出朱子由於雜乎老釋之言，誤以「理」爲「沖漠無朕」之形上眞實世
界，而人倫日用則歸入「萬象紛羅」的形下世界。於是乃有捨棄人倫日用，
歸於空寂的傾向。其實這種取向與孔孟之道根本完全違背，和儒家以濟世爲
本的精神亦不相合。

　　論述至此，綜合上文的辨析，可以發現東原從內部義理立場出發，在本
體、功夫以至道德價值方向上，指出朱子的學說受到老釋之影響，因而有違
孔孟的原義。析言之，東原認爲由於朱子的思想未能明辨儒、釋、道的異同，
乃使後世的儒學有所歧出，與原初孔孟的精神相去更遠了。

〔註26〕見《疏證》卷下〈道〉頁45～46。

第四章　東原思想的系統說明

第一節　「理」的界定

　　東原著《疏證》的目的，除詮釋孟子及批評朱子之外，亦希望藉此表述自己的哲學思想。而在上文東原對孟子的詮釋及朱子的批評中，可以發現他在理、心、性、情等方面都有自己的見解，自成一家之言。換言之，要對東原的思想有恰當的了解，乃必須對他的思想作出系統的說明方才可能。

　　在東原對孟子的詮釋中，他主要透過「事物之理」來詮釋孟子「理義悅我心」所表示之「理」的。繼而，他更以這詮釋作爲基礎及理據，進一步批評朱子的「理欲」觀及「理氣」觀。然而東原對「理」的了解是否就只限於「事物之理」；再者，他這種見解又是基於什麼理據而提出的呢？以下將就東原的思想系統本身，對「理」所含的義蘊作進一步的說明。而對「理」的看法，東原以後期《疏證》的觀點最爲成熟，綜合了早期《原善》及《緒言》的見解而成。在《原善》，東原論「理」多以「條理」表示，然而對「條理」的義蘊，則討論不多，而且亦無明確界定。至《緒言》，他對「理」方有直接的說明：

> 凡物之質，皆有文理，粲然昭著曰文，循而分之、端緒不亂曰理。故理又訓分，而言治亦通曰理。理字偏旁從玉，玉之文理也。蓋氣初生物，順而融之以成質，莫不具有分理，則有條而不紊，是以謂之條理。……理字之本訓如是。因是推之，舉凡天地、人物、事爲，

虛以明夫不易之則曰理。所謂則者，匪自我爲之，求諸其物而已矣。
〔註1〕

東原在此考證「理」字偏旁從玉，原義是指玉石身上的紋理。由此引伸，「凡
物之質，皆有文理」，表示所有事物都有自身的紋理或規律；再推而廣之，
則「天地、人物、事爲，虛以明夫不易之則曰理」，意謂「理」由事物自身
的規律，更可引伸至泛指天地之間，萬事萬物之「理」。在玉石和事物身上
的這些紋理，具有一定的肌理構造，有條不紊，就是「條理」。而依順這些
紋理，對事物加以區分和析別的活動也可以說「理」，重視「理」之活動義，
故有「循而分之，端緒不亂曰理。故理又訓分，而言治亦通曰理」的解釋。
至於「不易之則曰理」的「則」，東原引《詩經》：「天生烝民，有物有則；
民之秉彝，好是懿德」〈大雅烝民〉以說明。而「有物有則」的詮釋，他指
出「舉凡天地、人物、事爲，不聞無可言之理者也，詩曰『有物有則』是也。
就天地、人物、事爲求其不易之則是謂理。」〔註2〕其後，他在《疏證》進
一步補充云：「以秉持爲經常曰則，以各如其區分曰理，以實之於言行曰懿
德。物者，事也；語其事，不出乎日用飲食而已矣；舍是而言理，非古賢聖
所謂理也。」〔註3〕可見東原認爲「則」強調恆常不變，而「理」則著重對
事物及事情要施以區分和別異，不論「理」或「則」，都是就事物和事情的
規律而言的。

以上述的觀點爲基礎，東原在《疏證》進一步把「理」界定爲：

理者，察之而幾微必區以別之名也，是故謂之分理；在物之質，曰

肌理，曰膝理，曰文理；得其分則有條而不紊，謂之條理。〔註4〕

正如《緒言》所論，「理」一方面可就事物本身固有的特質及規律而言，因而
有「肌理」、「膝理」及「文理」等名稱。但是在另一方面，「理者，察之而幾
微必區以別之名也」，意謂「理」本身也表示一種對事物及事情施以條分縷析，
微鑑密察的活動。因此「分理」作爲事物之理，強調對事物要區分、區別和
精察。而「分理」就是對事物及事情施以剖析和區別所得的規律，也就是事
物及事情之所以可分別及相異的根據。故東原援引《中庸》「文理密察，足以

〔註1〕見《緒言》卷上，參看《疏證》頁84。
〔註2〕見《緒言》卷上，參閱《疏證》頁83。
〔註3〕見《疏證》卷上〈理〉，頁3。
〔註4〕見《疏證》卷上〈理〉，頁1。

有別也。」及《說文解字序》「知分理之可相別異也。」以證其說。至於事物之間有了區別而又秩序井然，互不混亂就是「條理」。故此東原所了解的理主要乃針對事物及事情本身而言的，而「事物之理，必就事物剖析至微而後理得」。〔註5〕再者，「理」作爲一種強調區分和別異的活動，它對事事物物進行「察之幾微」之分析，目的是在於找出事物本身的「分理」和「條理」，進而加深對事物的認識和理解，以達致「有條不紊」。換句話說，這種活動可以說是屬於認識論的，重視對客觀事物本身的認識。而依據這立場所了解的「理」，更隱含可進一步成就客觀知識的想法。

經上述的分析，可見東原由《緒言》到《疏證》，對「理」的了解特別重視字源以及字義的考究；其分析注重對每一字的本義、引伸義，以及在古代經籍中的用法，加以詳細考證訓釋，然後才定出該字的意義。換言之，東原這種詮釋所採用的根本就是訓詁學的進路。而東原在《疏證》就是以這種訓詁意義的「理」來詮釋孟子，認爲孟子理義悅心之「理」，就是「理義在事」以及「理義在事情之條分縷析」所表示的「理」，並具體指出孟子之「理」就是「事物之理」，而「理」在事上或事中，不能離開事物而存在。

復次，東原對「理」的了解除可就事物及事情的關係、規律而言之外，亦具有道德的規範意義，可用作判別行爲的合理與否。東原云：「理也者，情之不爽失也；未有情不得而理得者也。」〔註6〕這裏爽失是差失，而無爽失就是無過無不及，東原認爲人情活動能達致恰當和無錯失就是合理。故此他進一步說：「情得其平，是爲好惡之節，是爲依乎天理」〔註7〕以及「人倫日用，聖人以通天下之情，遂天下之欲，權之而分理不爽，是謂理」〔註8〕，正表示「理」就是使情得其平，以及欲得所遂的規範原則。可見東原所言之「理」除卻是「事物之理」外，也是倫理及道德意義之「理」，對吾人的行爲可以起規範的作用。

故此綜合上述的辨析，東原所言的「理」可有三方面的意義：

（一）「理」是事物自身的規律及特質，由此引伸可泛指天地之間，萬事萬物的規律。

〔註 5〕見《疏證》卷下〈權〉，頁 54。
〔註 6〕見《疏證》卷上〈理〉，頁 1。
〔註 7〕同上註，頁 2。
〔註 8〕同註五，頁 54。

（二）「理」可表示對事物及事情施以條分縷析，微鑑密察的一種理智活動。

（三）「理」亦具有道德的規範意義，可作為判別行為是否恰當的標準。

在這三種「理」之中，道德規範意義的「理」，在儒學傳統之中向來具有重要意義。孟子和宋明儒所說的「理」就具有道德規範作用。至於針對事物本身而言的「理」，以及作為一種分析和區別的理智活動而言的「理」，則可說是東原透過考據，從訓詁的立場上提出的。其實東原對「理」這種見解，清初的顏習齋與李恕谷早就已經提出。習齋云：

> 理者，木中條理也，其中原有條理。故諺云，順條順理。〔註9〕

所謂木中紋理謂之理，習齋正表示離開事物之外無理可言。而恕谷暢衍其說，再云：

> 理字則聖經甚少，《中庸》文理與《孟子》條理同，言道秩然有條，猶玉有脈理，亦虛字也。《易》曰：「窮理盡性以至於命，理見於事，性具於心，命出於天」，亦條理之義也。今乃以理代道，而置之兩儀人物之前，則鑄鐵成錯矣。〔註10〕

恕谷指出「理」就是條理秩序的意思，由玉的紋理引伸而來，並無形上的意義，故不能以理代道。此外他又云：

> 夫事有條理，曰理即在事中。今曰理在事上，是理別為一物矣。理虛字也，可為物乎？天事曰天理，人事曰人理，物事曰物理。《詩》曰：「有物有則」，離事物何所為理乎。〔註11〕

這裏恕谷就更直截表示「理在事上」，理要依附在事物以及從屬於物的。換言之，在事物之外，並無任何「理」的存在。故此，東原對「理」的了解與習齋及恕谷十分相近，都是著重從字的字源和本義方面來了解「理」的。而且從三者了解的相近來看，東原的看法可以說是承襲習齋和恕谷的。再者，習齋與恕谷對「理」之所以有這種見解，其目的亦於反對宋儒所言之「天理」，與東原的目的並無不同。故東原襲取習齋與恕谷的看法，亦絕非偶然，這和他要反對宋儒之目的乃一致的。

〔註 9〕 見顏元《四書正誤》，參閱楊向奎著《清儒學案新編·第一卷》，第八〈習齋學案〉，頁 337。

〔註10〕 見李恕谷《論語傳註問》，參看楊向奎著《清儒學案新編·第一卷》，第九〈恕谷學案〉，頁 356～357。

〔註11〕 同上註，頁 358。

第二節　心、性、欲、情的關係

　　在東原思想中，除「理」之外，「心」、「性」、「欲」、「情」的地位亦非常
重要。東原詮釋孟子以及反對朱子的基本論據，其實就是在於他對「心」、
「性」、「欲」、「情」都有自己的一套看法。換言之，要澈底明白東原的思想，
必得對其中的關係作出系統說明方才可能。首先東原對「心」就有以下的看
法：

> 蓋耳之能聽，目之能視，鼻之能臭，口之知味，魄之爲也，所謂靈
> 也，陰主受者也；心之精爽，有思輒通，魂之爲也，所謂神也，陽
> 主施者也。主施者斷，主受者聽。〔註12〕

這裏東原指出「心」與耳目口鼻等感覺器官的功能有所不同，耳目口鼻所反
映的是聲色臭味的感官知覺，是吾人對外界事物有所感受、有所接觸的基點，
即所謂「陰主受者也」。而「心」的職能就是對由耳目口鼻感知所得的基本感
官與料，施以進一步的分析和認識，即所謂「陽主施者也」。換言之，耳目口
鼻基本乃感知的官能，而心則是在感知之上的認識官能，故此東原乃有「主
施者斷，主受者聽」的說法。而對於耳目口鼻與心的主從關係，東原在早期
的《緒言》就已經提及：

> 凡食味別聲被色而生者皆有心，心者，耳目百體之靈之所會歸也……
> 耳目百體統於心，無一時一事不相貫也。〔註13〕

此外在《疏證》，他對其中的關係又有這樣的說明：

> 心能使耳目鼻口，不能代耳目鼻口之能，彼其能者各自具也，故不
> 能相爲……盈天地之間，有聲也，有色也，有臭也，有味也，舉聲
> 色臭味，則盈天地間者無或遺矣。外內相通，其開竅也，是爲耳目
> 鼻口。……耳目鼻口之官，臣道也；心之官，君道也；臣效其能而
> 君正其可否。〔註14〕

東原在此清楚表示心能夠支配耳目口鼻等感覺器官，但卻不可以代替它們的
職能。耳目鼻口的感覺器官各有所司，是吾人認知外界事物的必須資具。至
於心的功用一方面是對感覺認知施以分析裁斷，另一方面則統合耳目鼻口的
感知，以使吾人對外界事物獲得眞確的認識。因此東原有「耳目百體統於心，

〔註12〕見《疏證》卷上〈理〉，頁5。
〔註13〕見《緒言》卷中，參看《疏證》頁110～111。
〔註14〕同註十二，頁7。

無一時一事不相貫也」的看法，而「心」的主要職能就是「認知」。

復次，由於「心」以認知為其主要職能，於是「心與理」的關係亦應當這樣了解。東原說：

> 就人心言，非別有理以予之而具於心也，心之神明，於事物咸足以知其不易之則，譬有光皆能照，而中理者，乃其光盛，其照不謬也。〔註15〕

「心」之功用就好比神明發出光亮照物一樣，以察照事物的理則及規律為主要目的。換句話說，「理」並非具於心中，而應是「心」的認知功能所施予的對象。因此「理」外在於「心」，二者並非為一，涇渭分明。

東原對「心」的了解既然是「認知心」，然則他對「性」又如何了解？從東原極力反對宋儒「存天理，去人欲」的主張來看；在理路上，他有必要先肯定「人欲」，以及說明「人欲」存在的價值和必要性。依宋儒「義理之性」及「氣質之性」的區分，「人欲」應屬氣質之性一面。東原既然要肯定「人欲」，則自然要對「人欲」在「性」中的位置作出重新的定位。而換句話說，對「性」的了解亦應與宋儒「義理」與「氣質」之性的對比不同。東原云：

> 性者，分於陰陽五行以為血氣、心知、品物，區以別焉，舉凡既生以後所有之事，所具之能，所全之德，咸以是為其本，故《易》曰「成之者性也」。氣化生人生物以後，各以類滋生久矣；然類之區別，千古如是也，循其故而已矣。在氣化曰陰陽，曰五行，而陰陽五行之成化也，雜糅萬變，是以及其流形，不特品物不同，雖一類之中又復不同。〔註16〕

東原在此了解的「性」乃稟賦自陰陽五行，而血氣、心知、品物都是就人之本能及自然生命方面而言。「血氣」指形體感官，「心知」指心的認知能力，「品物」則指對事物的品味吸取。故此這種「性」應屬宋儒所謂的「氣質之性」，而非「義理之性」。而有生之物，氣化成性，各以類滋生，則就既表示萬物皆分有「陰陽五行之氣化」以形成其品類，同時「陰陽之氣化」亦分別顯現於各類事物以成就其「性」。故此，對人來說，「性」一方面是人稟賦自陰陽五行的質性；另一方面亦是使人與其他物類得以區別的根據。東原對此再補充說：

〔註15〕同上註。
〔註16〕見《疏證》卷中〈性〉，頁25。

> 《大戴禮記》曰：「分於道謂之命，形於一謂之性。」分於道者，分
> 於陰陽五行也。一言乎分，則其限之於始，有偏全、厚薄、清濁、
> 昏明之不齊，各隨所分而形於一，各成其性也。然性雖不同，大致
> 以類爲之區別。……天道，陰陽五行而已矣；人物之性，咸分於道，
> 成其各殊者而已矣。〔註17〕

東原指出「性」從其稟賦於陰陽五行而來，一開始便有氣稟的不齊，各隨其
所分而有差異，形成不同的類別。而這些「以類爲之區別」以及「成其各殊
者而已矣」的「性」，作爲人的「本質」或「體性」，實質祇是「類」之「性」，
或者說是「類概念」。析言之，東原並非從「義理之性」的角度來了解性的。
他說：「古人言性，但以氣稟言，未嘗明言理義爲性」，「人之爲人，舍氣稟氣
質，將以何者謂之人哉」，以及「言分於陰陽五行以有人物，而人物各限於所
分以成其性。陰陽五行，道之實體也；血氣心知，性之實體也。有實體，故
可分；惟分也，故不齊」。〔註18〕因此，東原由始及終，對「性」的了解只有
「氣稟之性」一層，與宋儒所強調的「義理之性」與「氣質之性」的兩層，
著重點完全不同。然則這種純就「氣稟」以及「氣質」而言的血氣心知之性，
究竟包括了那些具體內容呢？

> 人生而後有欲，有情，有知，三者，血氣心知之自然也。給於欲者，
> 聲色臭味也，而因有愛畏；發乎情者，喜怒哀樂也，而因有慘舒；
> 辨於知者，美醜是非也，而因有好惡。聲色臭味之欲，資以養其生；
> 喜怒哀樂之情，感而接於物；美醜是非之知，極而通於天地鬼神。……
> 是皆成性然也。有是身，故有聲色臭味之欲；有是身，而君臣、父
> 子、夫婦、昆弟、朋友之倫具，故有喜怒哀樂之情。〔註19〕

東原對「性」這種了解，其實是源自《樂記》：「夫民有血氣心知之性，而無
哀樂喜怒之常」而來。他指出血氣心知之性的內容包括了欲、情、知三者。
其中「知」指知性的認知機能，亦即「心知」；「欲」指聲色臭味的要求欲望；
至於「情」則是喜怒哀樂的感情。由這個三重的區分，可見東原對於聲色臭
味的「欲」不但沒有排斥，反而認爲「欲」、「情」、「知」三者實爲「性」的
自然之質，「是皆成性使然也」。而東原早於《原善》，就已經對「欲」與「情」

〔註17〕同上註。
〔註18〕見《疏證》卷上〈理〉頁6，卷中〈性〉頁34，及卷中〈天道〉頁21。
〔註19〕見《疏證》卷下〈才〉，頁40～41。

有以下的說明：

> 凡有血氣心知，於是乎有欲，性之徵於欲，聲色臭味而愛畏分；既
> 有欲矣，於是乎有情，性之徵於情，喜怒哀樂而慘舒分；既有欲有
> 情矣，於是乎有巧與智，性之徵於巧智，美惡是非而好惡分。生養
> 之道，存乎欲者也；感通之道，存乎情者也。〔註20〕

這裏東原表示聲色臭味之「欲」可以說是人生而具有的基本生理需求，如果這些需求不能滿足，根本就難以維持生命，亦無形體生命可言，故東原云「生養之道，存乎欲者也」。至於「情」則是在基本欲求之上，與別人有所接觸和溝通時才出現的，故東原云「感通之道，存乎情者也」。因此「欲」與「情」是人的自然生命中十分基本的要素，而東原亦極之重視二者在人性中的作用。故東原云「合聲、色、臭、味之欲，喜、怒、哀、樂之情，而人道備」。〔註21〕

綜合以上的分析，可見東原認為「性」純是「血氣心知之性」，亦即宋儒所謂氣質之性，性的內容包括了「欲」、「情」、「知」三者，故謂「人生而後有欲，有情，有知，三者，血氣心知之自然也」。對於此三者之關係，東原更指出

> 惟有欲有情而又有知，然後欲得遂也，情得達也。天下之事，使欲
> 之得遂，情之得達，斯已矣。惟人之知，小之能盡美醜之極致，大
> 之能盡是非之極致。然後遂己之欲者，廣之能遂人之欲；達己之情
> 者，廣之能達人之情。道德之盛，使人之欲無不遂，人之情無不達，
> 斯已矣。〔註22〕

可見東原認為通過心知的作用，能致使「欲得遂，情得達」。然則，究竟「心知」在達情遂欲的過程中擔當什麼角色？這則有待於下節中再作分析。

第三節　達情遂欲的主張

在宋代理學中，「存天理，去人欲」可以說是各家的通義，也是各家對理欲問題的基本立場。其實宋代的理學家，並不是要完全抹殺這些人性自然的生理欲望，祇不過在「義理之性」和「氣質之性」的對比下，自不然認為氣

〔註20〕見《原善》卷上，參閱《疏證》頁64。
〔註21〕同註十六，頁37。
〔註22〕同上註，頁41。

質之性所發的欲望是罪惡的根源，故不得不貶責、不超克。而天理人欲的對比最早可上溯至《禮記·樂記》：

> 人生而靜，天之性也。感于物而動，性之欲也。物至知知，然後好惡形焉。好惡無節于於內，知誘于外，不能反躬，天理滅矣。夫物之感人無窮，而人之好惡無節，則是物至而人化物也。人化物也者，滅天理而窮人欲者也。於是有悖逆詐偽之心，有淫佚作亂之事。〔註23〕

這段文字表示人性本靜，感於外物而後才有好惡之欲。假若吾人受外物所誘，不能反躬，以致好惡之欲無節，就是「滅天理」了。宋儒的「理欲之辨」就是本著這段話，再配上「義理之性」與「氣質之性」的對揚，而有進一步的發揮，提出以「存天理，去人欲」為道德實踐之價值方向。伊川曾云：「人心私欲，故危殆；道心天理，故精微。滅私欲，則天理明矣。」〔註24〕朱子又云：「聖賢千言萬話，只是教人明天理，滅人欲」。〔註25〕

然而在上節的分析中，我們發覺東原根本否定了宋儒「義理」與「氣質」之性的對比，因而對「欲」的看法與宋儒完全不同。他認為「欲」是人性的自然，亦是人的形體生命所必須的生養。所謂「飲食男女，人之大欲存焉」，東原認為「欲」是不應加以排斥的；反之，更應達情遂欲，對人的生理自然欲望要加以肯定。故此，東原對宋儒「存天理，去人欲」的主張，首先就提出以下的批評：

> 問：宋以來之言理也，其說為「不出於理則出於欲，不出於欲則出於理」，故辨乎理欲之界，以為君子小人於此焉分。今以情之不爽失為理，是理者存乎欲者也。然則無欲亦非歟？

> 曰：孟子言「養心莫善於寡欲」，明乎欲不可無也，寡之而已。人之生也，莫病於無以遂其生。欲遂其生，亦遂人之生，仁也；欲遂其生，至於戕人之生而不顧者，不仁也。不仁，實始於欲遂其生之心，使其無此欲，必無不仁矣。然使其無此欲，則於天下之人，生道窮促，亦將漠然視之。己不必遂其生，而遂人之生，無是情也……欲，其物；理，其則也。不出於邪而出於正，猶往往有意見之偏，未能得理。而宋以來之言理欲也，徒以為

〔註23〕參閱《禮記鄭註》頁127。
〔註24〕參閱《河南程氏遺書》卷第二十四，文據《二程集》頁313。
〔註25〕見《朱子語類》，黎靖德編，卷十二，頁207。

> 正邪之辨而已矣，不出於邪而出於正，則謂以理應事矣。理與
> 事分爲二而與意見合爲一，是以害事。夫事至而應者，心也；
> 心有所蔽，則於事情未之能得，又安能得理乎！〔註26〕

東原引用孟子「養心莫善於寡欲」，指出「欲」不可無，祇要有節制就是了。換句話說，對於不正當的或過分的情欲應加以節制，但卻不是排除一切欲望，可是「欲」要怎樣才算是合理和適當呢？東原以吾人欲遂其生爲例，指出吾人在現實環境中，當然是有保全延續自己性命的要求，這可說是「人之常情」。而在顧全自己生命的同時，若然又能進而顧及他人的生命，則更可以說是合於「仁」道。反之，假若要藉戕害他人的生命，來保全自己性命的話，那當然就是有違於「仁」了。因此「不仁」可以說是由祇顧全自己的生命，而不理會他人的生命而做成的。而事實上，「欲遂其生」這種欲望是人之常情，是人人所皆同然的。然則，假使在欲遂自己之生的過程中，有危及他人性命的可能。那麼，究竟要怎樣取捨才是恰當呢？

若只顧全自己的性命，而不理會別人，則有違於「仁」。若不理自己的安危，只顧全別人的性命，亦有違於人之常情。事實，以「人之常情」而論，亦不可能要求只顧全別人的性命，而把自己的生命置諸不理的。那麼，在這種兩難的情況下，究竟「欲」要怎樣考慮才算是正當呢？怎樣才可以合乎「人之常情」呢？對此，東原強調「理者存乎欲者也」的原則。「欲，其物；理，其則也」，就是表示對「欲」的節制要符合情欲本身的自然規律，要合符人之常情，這才算是合「理」。所謂「達情遂欲」，東原意謂「欲」之能遂，必先要「情之能達」，這樣「欲」才不會有違人之常情。然則，究竟這作爲標準的「理」是怎樣得出的呢？而「情」又怎樣才可以達呢？這可從東原對「理也者，情之不爽失也」的闡述中見出。

> 理也者，情之不爽失也；未有情不得而理得者也。凡有所施於人，
> 反躬而靜思之：「人以此施於我，能受之乎？」凡有所責於人，反躬
> 而靜思之：「人以此責於我，能盡之乎？」以我絜之人，則理明。天
> 理云者，言乎自然之分理也；自然之分理，以我之情絜人之情，而
> 無不得其平是也。〔註27〕

東原這裏所謂的「以我之情絜人之情，而無不得其平」以及「以我絜之人，

〔註26〕見《疏證》卷上〈理〉，頁8。
〔註27〕同上註，頁1。

則理明」的「理也者，情之不爽失」的狀態，實則就是透過「己所不欲，勿施於人」的「恕」以及「絜矩之道」的原則來達致的。而「以情絜情」，據東原的解釋云：

> 子貢問曰：「有一言而可以終身行之者乎？」子曰：「其恕乎！己所不欲，勿施於人。」《大學》言治國平天下，不過曰「所惡於上，母以使下，所惡於下，母以事上」，以位之卑尊言也；「所惡於前，母以先後，所惡於後，母以從前」，以長於我與我長言也；「所惡於右，母以交於左，所惡於左，母以交於右」，以等於我言也。曰「所不欲」，曰「所惡」，不過人之常情，不言理而理盡於此。惟以情絜情，故其於事也，非心出一意見以處之，苟舍情求理，其所謂理，無非意見也。〔註28〕

在不同分際的情況下，之所以都可用「己所不欲」的原則來處事，東原認為是因為「己所不欲」合於人之常情。當然處事要做到合乎人之常情，一定要設身處地，為他人著想，亦即所謂「以己之情絜人之情」。而以情絜情之所以可行，當然不是以一己隨意決定的意見來行事，乃是基於吾人的心知具有區分和識別的能力，這種能力可對吾人每實踐一行為時，對自己所作的決定，所牽涉及別人的事物和情勢施以條分縷析，審察微辨，找出行事所應守的分理。這種經過上述考慮所得的，不再是隨意決定的意見，乃是「人心之所同然」。而且這種考慮亦即是東原所謂「反躬者，以人之逞其欲，思身受之之情也。情得其平，是為好惡之節，是為依乎天理。」〔註29〕換句話說，由於「理」是人心之所同然，因此「以情絜情」以及「以我絜之人，則理明」才所以可能，而吾人每一言一行才可以達致「以情絜情無爽失，於行事誠得其理矣」之目的。

再次，雖然藉「以情絜情」以及反求諸己，吾人一己之情可與別人之情相通達了；然而，在「達情遂欲」的過程中，仍有「私」和「蔽」的問題必需解決。東原云：

> 理也者，情之不爽失也；未有情不得而理得者也。……反躬而思其情，人豈異於我！蓋方其靜也，未感於物，其血氣心知，湛然無有失，故曰：「天之性」；及其感而動，則欲出於性。一人之欲，天下人之所同欲也，故曰「性之欲」。好惡既形，遂己之好惡，忘人之好

〔註28〕同上註，頁4～5。
〔註29〕同上註，頁1～2。

惡，往往賊人以逞欲。反躬者，以人之逞其欲，思身受之之情也。

情得其平，是爲好惡之節，是爲依乎天理。〔註30〕

這東裏原指出「遂己之好惡，忘人之好惡，往往賊人以逞欲」，實則就是指人有「私」及「蔽」的毛病。對於這兩種弊病，東原再有以下的說明：

凡出於欲，無非以生以養之事，欲之失爲私，不爲蔽。自以爲得理，而所執之實謬，乃蔽而不明。天下古今之人，其大患，私與蔽二端而已。私生於欲之失，蔽生於知之失；欲生於血氣，知生於心。因私而咎欲，因欲而咎血氣；因蔽而咎知，因知而咎心。〔註31〕

在此，「私」指祇顧實現自己的欲望而不理會他人，而「蔽」則可以說是認識和判斷上有錯誤，因此「達情遂欲」所面對的最大困難就是在於人有「私」及「蔽」。要達致無私無蔽，東原認爲有只有靠「心知」的能力，而「心知」實質所發揮的就是「智」的作用。然則，究竟「心知」怎樣才可以克服「私」和「蔽」的毛病呢？東原云：

是故明理者，明其區分也；精義者，精其裁斷也。不明，往往界於疑似而生惑；不精，往往雜於偏私而害道。求理義而智不足者也，故不可謂之理義。自非聖人，鮮能無蔽；有蔽之深，有蔽之淺者。人莫患乎蔽而自智，任其意見，執之爲理義。〔註32〕

這裏東原清楚指出要解決「偏私」和「障蔽」，必須藉心知對事物及事情，施以區分及裁斷，得出心之所同然的「理」。這樣吾人才不會因偏私和障蔽，隨意以一己之意見爲理，而一言一行才有可能達致「情得其平，是爲好惡之節，是爲依乎天理」，以及「情之不爽失」的境界。而達致「情之不爽失」的同時也自然可做到「達情遂欲」。由此可見「心知」在達情遂欲的過程中，作用非常重要。

析言之，東原這種對道德的看法，可以說是「以智成德」。故東原說：

惟人之知，小之能盡美醜之極致，大之能盡是非之極致。然後遂己之欲者，廣之能遂人之欲；達己之情者，廣之能達人之情。道德之盛，使人之欲無不遂，人之情無不達，斯已矣。〔註33〕

〔註30〕 同上註。
〔註31〕 同上註，頁9。
〔註32〕 同上註，頁3。
〔註33〕 同上註，頁410。

故總合上文的辨析，可見東原對「欲」的基本態度是「達情遂欲」，而「欲」不單不應排斥；反之「理者存乎欲」才是正確的態度。因此他對《樂記》的一段文字有以下的詮釋：

> 問：《樂記》言滅天理而窮人欲，其言有似於以理欲爲邪正之別，何也？
>
> 曰：性，譬則水也；欲，譬則水之流也；節而不過，則爲依乎天理，爲相生養之道，譬則水由地中行也；窮人欲而至於有悖逆詐僞之心，有淫佚作亂之事，譬則洪水橫流，汎濫於中國也。聖人教之反躬，以己之加於人，設人如是加於己，而思躬受之之情，譬則禹之行水，行其所無事，非惡汎濫而塞其流也。……言性之欲之不可無節也。節而不過，則依乎天理；非以天理爲正，人欲爲邪也。天理者，節其欲而不窮人欲也。是故欲不可窮，非不可有；有而節之，使無過情，無不及情，可謂之非天理乎！〔註34〕

東原主要認爲「天理爲正，人欲爲邪」的觀點是不對的。「欲」本身是人之常情，是人性的自然，根本不應排斥。故此「欲不可窮，非不可有，有而節之，使無過情，無不及情」才是正確的態度。對於如何對待「欲」，東原再補充說：

> 天下必無舍生養之道而得存者，凡事爲皆有於欲，無欲則無爲矣；有欲而後有爲，有爲而歸於至當不可易之謂理；無欲無爲又焉有理……聖人務在有欲有爲之咸得理。是故君子亦無私而已矣，不貴無欲。〔註35〕

可見東原是要極力證成「達情遂欲」的主張，而他在晚年的《答彭進士允初書》中對「達情遂欲」就更有這樣的一番說明：

> 欲者，有生則願遂其生而備其休嘉者也；情者，有親疏、長幼、尊卑卑感而發於自然者也；理者，盡夫情欲之微而區以別焉，使順而達，各如其分寸豪釐之謂也。欲，不患其不及而患其過。過者，狃於私而忘乎人，其心溺，其行慝，故孟子曰「養心莫善於寡欲」。情之當也，患其不及而亦勿使之過。未當也，不惟患其過而務自省以救其失。欲不流於私則仁，不溺而爲慝則義；情發而中節則和，如

〔註34〕見《疏證》卷上〈理〉，頁10～11。
〔註35〕見《疏證》卷下〈權〉，頁58。

是之謂天理。〔註36〕

進一步說，在「以情絜情」以及「達情遂欲」的論證過程中，可以看出東原對「理」之三種詮釋，其中的相互及主從關係。首先，吾人透過「以我之情絜人之情」以及「己所不欲」的反躬過程，可以使吾人的一言一行達致「情得其平，是為好惡之節，是為依乎天理」，亦即「理也者，情之不爽失也」的境界。而「以我之情絜人之情」之所以可能，是要吾人以「理也者，察之而幾微必區以別」的理智活動，對客觀的事物、事情以及情勢，施以條分縷析，微鑑密察所達致的，而這種通過條分縷析所得的規律就是「分理」或「條理」。由於「分理」和「條理」是通過「心知」的分析活動得出的，並不是一己隨意決定的「意見」，因此可以說是「心之所同然」。而達致了「心之所同然者，理也」也就是等於達到「情之不爽失」；而進一步說，也就可以說是能夠做到「通天下之情，遂天下之欲，權之而分理不爽，是謂理」的境界。換句話說，在東原的思想系統中，就事物規律而言的「理」和就「微鑑密察，條分縷析」的理智活動而言的「理」，這兩種意義的「理」之所以提出，其主要作用是在於要成就「理也者，情之不爽失也」，以及「權之而分理不爽，是謂理」這道德規範意義的理。

第四節　氣化流行的天道觀

從東原視「理」為事物之理，以及認為「性」純屬氣質之性的觀點來看，已可知東原在「天道」和「理氣」關係的問題上與宋儒的看法亦大有差異。東原在《緒言》對天道就有以下的看法：

> 古人稱名，道也，行也，路也，三名而一實，惟路字專屬途路。……大致在天地則氣化流行，生生不息，是謂道；在人物則人倫日用，凡生生所有事，亦如氣化之不可已，是謂道。故《易》曰「一陰一陽之謂道」，此言天道也；《中庸》曰「率性之謂道」，此言人道也。
> 〔註37〕

其後在《疏證》，他又再補充曰：

> 道，猶行也；氣化流行，生生不息，是故謂之道。《易》曰：「一陰

〔註36〕參閱《疏證》頁166～167。
〔註37〕見《緒言》卷上，參閱《疏證》頁79。

一陽之謂道。」《洪範》曰「五行：一曰水，二曰火，三曰木，四曰金，五曰土。」行亦道之通稱。舉陰陽則賅五行，陰陽各具五行也；舉五行即賅陰陽，五行各有陰陽也。……陰陽五行，道之實體也。〔註38〕

從東原前後兩段話來看，東原以訓詁的方式，把「道，猶行也，路也」來疏解「道」，可見他著重從具體實在的角度來了解「道」的。依這種詮釋，「道」非表示物質世界之上的形上及超越之道；「道」本身的內容純為陰陽五行，在「天道」方面表現為氣化流行的生生不息，而在「人道」方面則呈現為人倫日用。換言之，「道」並無超越意義可言，純為一氣化流行的歷程。進一步說，亦無所謂形上之「理」，及形下之「氣」的區分，故此東原對朱子「理氣二分」的觀點乃持反對的態度。他說：

氣化之於品物，則形而上下之分也。形乃品物之謂，非氣化之謂。《易》又有之：「立天之道，曰陰與陽。」直舉陰與陽，不聞辨別所以陰陽而始可當道之稱……《易》「形而上者謂之道，形而下者謂之器」，本非為道器言之，以道器區別其形而上形而下耳。形謂已成形質，形而上猶曰形以前，形而下猶曰形以後。陰陽之未成形質，是謂形而上者也，非形而下明矣。〔註39〕

依東原之疏辨，「形而上」與「形而下」是表示陰陽五行氣化過程中的兩個階段，在其中「形而上」是指未成形質以前，一陰一陽，氣化之流行不已；「形而下」則是成形質之後，乃氣化之結果。故此，不論「形而上」、「形而下」都屬氣化流行之過程。換句話說，由於形上、形下並非表示超越和實在的相對，於是乃無所謂「形而上」之「理」，也沒有什麼形而上的本體，更沒有「理氣二分」可言。

復次，由於「形而上」和「形而下」只是表示氣化過程的不同階段，而非超越的本體和實在的世界之對比。故此天地萬物可說是在同一個氣化流行的過程中，由陰陽五行的氣化衍生，是以東原說「天地間百物生生，無非推本陰陽」。換言之，並無一形而上的超越之「理」作為萬物的主宰，亦無所謂「理生氣」。於是東原認為「太極」亦非創生萬物的終極本體，而只是氣化之陰陽。而且他更指出朱子的太極並不合於孔子之原義，他說：

〔註38〕見《疏證》卷中〈天道〉，頁 21。
〔註39〕同上註，頁 22。

> 後世儒者以兩儀爲陰陽，而求太極於陰陽之所由生，豈孔子之言
> 乎！謂「氣生於理」，豈其然乎！……蓋見於陰陽氣化，無非有迹可
> 尋，遂以與品物流形同歸之粗，而別求諸無迹象以爲其精，是以觸
> 於形而上下之云，太極兩儀之稱，恍然覺悟理氣之分如是，不復詳
> 審文義。〔註40〕

東原指出後儒之所以有形上、形下之分，氣由理生，以及太極生陰陽的看法，主要是基於他們誤以爲氣化流行的過程是粗，因而另設一無迹可見的理於其上，並以之爲精。實質這種解釋並不合於孔子的本義，因爲孔子所理解的天道，以及太極，都只是氣化的流行生生不息而已。故此東原再補充說：

> 況氣之流行既爲生氣，則生氣之靈乃其主宰，如人之一身，心君乎
> 耳目百體是也，豈待別求一物爲陰陽五行之主宰樞紐！下而就男女
> 萬物言之，則陰陽五行乃其根柢，乃其生生之本，亦豈待別求一物
> 爲之根柢，而陰陽五行不足生生哉！〔註41〕

東原在此明白指出「陰陽五行」就是天地萬物的主宰，爲生生之本。天地純爲一氣化流行的生生不息，而在陰陽五行以及氣化流行之外，再沒有什麼形上的本體和主宰可言。故東原的天道觀可以說是一種「唯氣論」，天地萬物由一氣化成。

再者，由於「道」是一氣化的過程，而「理」亦不能離乎「氣」而存在，於是東原對「理」和「道」的關係亦有以下的看法：

> 道之實體，一陰一陽，流行不已，生生不息，是矣。理即於道見之
> 歟！
>
> 曰：然。古人言道，恆該理氣；理乃專屬不易之則，不該道之實體。
> 〔註42〕

東原指出「理氣」實質都包含在「道」之中，所以「理」祇是氣化過程中的不變規律，並非「道」之本體。故此他認爲「理即於道見之」，正是要表示理在道中，而道該理氣。進一步說，「理氣」的關係亦應這樣了解：

> 陰陽流行，其自然也；精言之，期於無憾，所謂理也。理非他，蓋
> 其必然也。……舉凡天地、人物、事爲，不聞無可言之理者也，《詩》

〔註40〕見《緒言》卷上，參閱《疏證》頁81。
〔註41〕同上註，參閱《疏證》頁82。
〔註42〕同上註，參閱《疏證》頁83。

曰「有物有則」是也。就天地、人物、事爲求其不易之則是謂理。
〔註43〕

東原指出陰陽流行是「氣」，亦即所謂「自然」；而「理」就是陰陽流行的「必然」，也就是「氣」之中的規律。故此他說「就天地、人物、事爲求其不易之則是謂理」，其中天地、人物、事爲實則就是氣化流行，於是求其不易之則以歸其必然，正表示「理」不能離開「氣」而存在，「理」在「氣」中，「理」就是「氣」中的必然規律。

復次，由於「天道」之氣化流行落實於人倫日用之中，表現爲生生不息。故東原說「在天地，則氣化流行，生生不息，是謂道；在人物，則凡生生所有事，亦如氣化之不可已，是謂道」〔註44〕換言之，吾人在人倫日用之中，亦應當要使這生生之道不息不絕。所以東原接著指出：

> 仁者，生生之德也：「民之質矣，日用飲食」，無非人道所以生生者。一人遂其生，推之而與天下共遂其生，仁也。……氣化流行，生生不息，仁也。由其生生，有自然之條理，觀於條理之秩然有序，可以知禮矣：觀於條理之截然不可亂，可以知義矣。在天爲氣化之生生，在人爲其生生之心，是乃仁之爲德也：在天爲氣化推行之條理，在人爲其心知之通乎條理而不紊，是乃智之爲德也。惟條理，是以生生：條理苟失，則生生之道絕。〔註45〕

這裏，東原指出「仁之爲德」就天道來說，是天地氣化流行之生生不息；就人道來說，則是由一人遂其生，推展之而與天下遂其生，故「在天爲氣化之生生，在人爲其生生之心」。至於在氣化流行，生生不息之中的規律，就是「自然之條理」。因此，若人能做到自遂其生，並進而亦遂人之生，這就是合乎「條理」了，也就是「惟條理，是以生生；條理苟失，則生生之道絕」的意思。

由上述論釋可見，其實東原的「理氣觀」，和他「理在事中」、「達情遂欲」的主張是完全一致的。據東原原初的了解，「理」之所以是「心之所同然」，乃基於理是事物的必然規律，而且不能離開事物而存在。其次，東原爲了要反對朱子「存天理，去人欲」的主張，把「性」視爲純然的「氣稟之性」，把「理」解釋爲情欲本身的規律，以針對朱子藉形上之理來壓抑形下之情欲的

〔註43〕同上註，參閱《疏證》頁82～83。
〔註44〕見《疏證》卷下〈道〉，頁43。
〔註45〕見《疏證》卷下〈仁義禮智〉，頁48。

做法。換言之，性只得氣稟之性一層，理與欲亦無形上與形下的區分。所謂「欲，其物；理，其則也」，正表示理就是情欲之中的規律，乃通過心知對人情欲求條分縷析而得出的。故此，東原把天地萬物解釋為純屬氣化的一層，視理與氣為同一層級的存在，理乃氣的規律，可以說是絕非偶然的。他這種「唯氣論」的理氣觀點，與對理、性，以及理欲的看法是前後一貫的。故此經上文的辨析，可見東原的思想乃自成一家之言。然則，他對「理」所作的詮釋，對孟子的了解，以及對朱子的批評，又是否諦當？而且，東原自身的義理系統，與孟子和朱子的，又在什麼分際上，有所分別？這一系列問題，都有待進一步的考察。

第五章　從訓詁的角度檢討東原對「理」的了解和詮釋的方法

第一節　「理」的古義及先秦經籍中的「理」

　　東原在《疏證》之研究策略，乃運用訓詁的方法，探本尋源，先行界定「理」的本義，然後以「理」的本義來詮釋孟子的「理」。接著，他再以對孟子的詮釋作為依據，批評朱子對「理」的了解並不合於「理」的古義，並進而提出自己對「理」的一套主張。然則，東原這種透過訓詁闡釋所得出的「理」之本義，與「理」本身的原義是否相符，而且亦是否「理」之本義惟一的解釋？本章即就「理」的古義，以及先秦經籍中的「理」施予全面的考察，以檢討東原對理的了解是否恰當。再者，東原以字義考證的訓詁方式詮釋哲學概念，並開展哲學討論，這種研究方式又是否可取？這一系列問題將會在本章逐一闡述。

　　「理」的本義，根據《說文解字》載：「理，治玉也，從王里聲。」，東原的弟子段玉裁在《說文解字註》，便對「理」有這樣的疏釋：

> 《戰國策》鄭人謂玉之未理者為璞，是理為剖析也。玉雖至堅而治
> 之，得其鰓理以成器不難，謂之理。」〔註1〕

段氏指出依順玉本身結晶構造的紋理，進行研磨加工的活動，就是「理」的本義，至於「璞」乃指那些未經加工處理的玉石，即「玉之未理者」。而就《韓

〔註 1〕見《段氏說文解字註》頁 13。

非子》〈和氏篇〉云：「楚人和氏得玉璞楚山中……王乃使人理其璞而得寶焉」，的記述，亦證明璞要經過「理」這個工序，方得成為美玉。〔註2〕故此，「理」本義作動詞用，是一個具有活動意義的概念。其實，段玉裁對「理」這種疏解，小是承自東原的看法。東原在與玉裁論學的書信中，就已經明言「古人曰『理解』者，即尋其腠理而析之也。」〔註3〕然則，玉裁及東原對「理」這種訓釋，在晚周經籍中，究竟有沒有其他具體的例證呢？

在《易經》、《春秋》、《儀禮》，及《尚書》的本文中，均沒有出現「理」字，祇在《詩經》才有下列四則：

（一）〈小雅〉〈信南山〉：「我疆我理，南東其畝」。

（二）〈大雅〉〈緜〉：「迺疆迺理，迺宣迺畝」。

（三）〈大雅〉〈江漢〉：「于疆于理，至于南海」。

（四）〈大雅〉〈公劉〉：「止基迺理，爰眾爰有」。

上述例證中，除〈公劉〉一則外，其餘三者，「理」都是在大體相同的句型中與「疆」字對舉。〈信南山〉「我疆我理」，依《毛傳》註釋：「疆，畫經界也。理，分地理也」。〔註4〕而《朱集傳》亦云：「疆者，為之大界也。理者，定其溝塗也」。〔註5〕綜合二說，「理」具有分治土地，把田畝分理成一定等份的意思。而基於〈緜〉及〈江漢〉兩則的句型和結構，與〈信南山〉完全一樣，故此〈緜〉及〈江漢〉中的「理」，意思與〈信南山〉的亦應完全相同。至於〈公劉〉「止基迺理」一句雖則句型有異，然而據鄭玄箋：「止基，作宮室之功止，而後疆理其田野」，亦正好是「疆理田野，正其田畝」的意思，與前三者並無分別。〔註6〕

此外，據《左傳》成公二年載：

先王疆理天下，物土之宜，而布其利……今吾子疆理諸侯，而曰盡東其畝而已。〔註7〕

其中「疆」，「理」二字結合連用，雖然與《詩經》的互相對舉有所不同，可是均乃就治理田畝疆界言。故此，這種治理田土疆界的「理」，與《說文》所

〔註2〕見《韓子淺解》頁98。

〔註3〕見〈與段若膺論理書〉，參閱《疏證》頁184。

〔註4〕見《詩三家義集疏》，頁755。

〔註5〕見《詩集傳》頁155。

〔註6〕同註四，頁901。

〔註7〕見《春秋左傳注》第二冊，頁798。

言治玉之「理」，所治的對象雖然有所不同；然而，就其作爲一種人爲的治理活動，則可說是無分別的。

　　從上述的分析來看，「理」的古義不論是治玉或是治理田土，主要是就人的活動方面來說，涵有「治理」的意思，還說不上是一個哲學概念。這種意義的「理」，在其後的諸子典籍中，仍相沿習用。例如《墨子》〈節葬〉「富貧眾寡定危理亂乎」；《莊子》〈則陽〉「今人治其形理其心」，〈漁父〉「理好惡之情」，〈天運〉「然後調理四時」；以及《荀子》〈修身〉「少而理曰治」，〈王制〉「天地生君子，君子理天地」〈君道〉「明達用天地，理萬變而不疑」，這好幾個例子中的「理」都具有「治理」的意思。

　　進入戰國階段，隨著思想的不斷發展和深化，「理」從治玉的本義，逐步引申成爲一個具有豐富義蘊的哲學觀念。而在諸子之中，除郤《論語》和《老子》之外，《墨子》、《孟子》、《莊子》、《韓非子》,《荀子》各書中都有大量「理」字的出現。由於諸子各自有本身的哲學系統和立場，因而對「理」的了解，雖然有一致的地方，然而相互之間的差別，乃涇渭分明的。在求同存異的前題下，好幾位學者對不同型態的「理」，作出了下列的概括。首先，張立文先生指出在戰國百家爭鳴中，對「理」的了解，大致有兩種傾向：

> 道家所講的理，側重於客體現象方面的認識，而與道、氣範疇相聯系；儒家所講的理，側重於主體現象方面的認識，而與禮、義範疇相聯系。〔註8〕

葛榮晉先生則直截表示於戰國中期，「理」可有三種涵義：

　　（一）以義、禮解理

　　（二）以事物形式，特性解理

　　（三）以秩序、條理、規律解理〔註9〕

而唐君毅先生，則認爲先秦經籍中，有五種不同的理：

　　（一）形式相狀之理

　　（二）天地萬物之理

　　（三）名實之理

　　（四）義理之理

　　（五）文理之理〔註10〕

〔註8〕見《中國哲學範疇史（天道篇）》頁540。

〔註9〕見《中國哲學範疇史》頁80～81。

〔註10〕《中國哲學原論‧導論篇》頁24。

上述三種看法之中，以唐先生的概括較爲細密，亦包含前兩者的區分在內。其中最大的分歧乃大陸兩位學者都未有提及「名實之理」。以下即就儒、墨、道、法的典籍，察看各家對「理」的了解。

首先《孟子》書中，「理」共出現四次，其中具有哲學意義的是「條理」之理及「理義」之理。〔註11〕〈萬章下〉：「金聲而玉振之也。金聲也者，始條理也；玉振之也者，終條理也。始條理者，智之事也；終條理者，聖之事也。」據趙岐《孟子注》：「智者知理物，聖人終始同」。〔註12〕其中「理物」亦即「治物」的意思，故理亦即治，而「條理」之理就是指事物本身的次序和規律而言。至於「理義之理」見〈告子上〉：「心之所同然者，何也？謂理也，義也。聖人先得我心之所同然耳。故理義之悅我心，猶芻豢之悅我口」。此處理義並舉，對理雖無明確的規定；然而，「理」表示人人所認同的道德理則，則甚爲顯明。

《墨子》一書，理字出現較多。〔註13〕其中〈所染〉「凡君之所以安者，何也？其行理也，行理性於染當」、「處官得其理矣」、「處官失其理矣」，以及〈非儒〉「仁人以其取舍是非之理相告」。此處，「理」大抵指事物的規律或道理。而最能顯出墨家對「理」了解特點的，則首推「名實之理」。名實之理出自〈小取〉：「夫辯者，將以明是非之分，審治亂之紀，明同異之處，察名實之理」。依墨子的思想，「名」表示概念，「實」指客觀存在的東西。「察名實之理」就是要檢查一個命題或判斷，其中所用的概念，有沒有違背名實相符的原則。換言之，概念必須與客觀現實相符合，不然命題便欠缺充份的理據。故此「名實之理」純粹是針對一般概念在推理過程中的運用，是就吾人的思辨活動而言的。再據〈大取〉「以故生，以理長，以類行也者」，就更明白表示言辭要靠推理，推論的思維活動，才可以引伸推展。此外，〈經說〉「其理之可誹，雖多誹，其誹是也。其理不可誹，雖少誹，非也」所言的「理」則是說命題或主張在理論上是否可以證成，有沒有充份的理據，以及推理是否正當。故此，墨子「名實之理」所意指的「理」，是透過反省人的思維活動，推理活動而提出的。

〔註11〕以下孟子引文據《孟子正義》，不煩一一細註。
〔註12〕注見《孟子正義》，頁673。
〔註13〕以下墨子引文據《墨子閒詁》，不煩一一細註。

　　《莊子》書中，理字出現共三十八次，可是其中出現於〈內篇〉的祇得一次。〔註14〕而理字的涵義亦相當廣泛，其中沿用「治理」義的如〈庚桑楚〉「治其形理其心」、〈漁父〉「理好惡之情」、〈天運〉「調理四時」、〈盜跖〉「申子不目埋」均是。此外，如〈則陽〉「二家之議，孰偏於其埋，孰正於其情？」，和〈天下〉「其理不竭，其來不蛻，茫乎昧乎，未之盡者」中之理，則是指言辭推論，言論根據之「理」，與墨家所言「名實之理」相類。上述這兩種「理」祇是莊子對理的一般了解，並非重點所在。在莊子的思想中，「天理」及天理所涵蓋的天地萬物之理方是主要的概念；事實上，「天理」亦是由莊子首度提出的概念。在《莊子》書中，天理二字，隨處可見，如〈養生主〉「依乎天理」、〈刻意〉「循天之理」、〈天運〉「順之以天理」、〈盜跖〉「從天之理」以及〈漁父〉「固天之理也」等。依莊子的哲學系統，要恰當了解「天理」及「萬物之理」，必須扣緊「天道」入手。〈繕性〉云：「道，理也。」〈秋水〉亦云：「知道者，必達於理」，可見莊子所言之理與道定有頗密切的關係。莊子了解的道乃是超乎客觀事物之外，自然無為，形而上的天道。故「天理」所言之理亦是超乎客觀事物之外，自然而然，無為無待的形上虛理。進一步說，天地萬物之理涵攝於天理之下來了解，亦是指那作為事物存在及變化所憑藉，不宥於事物本身的虛理。例如〈知北游〉「萬物有成理而不說」、「聖人者原於天地之美，達於萬物之理，〈則陽〉「隨序之相理」、〈秋水〉「論萬物之理也」，以及〈天下〉「判天地之美，析萬物之理」所表示之理均是。莊子所論之理除上述「天理」及「萬物之理」之外，亦旁及事物本身固有規律，單就事物本身形式相狀而言的「物理」。如〈天地〉「物成生理謂之形」、〈則陽〉「萬物殊理」、「與物同理」，以至〈知北游〉「果蓏有理」便是。這種純從事物本身規律而言的理，雖非莊子言理的重點，卻可說是較後韓非子直接就客觀對象上言理的先導。

　　至《荀子》書中，「理」的意義更為豐富。〔註15〕〈王制〉「天地生君子，君子理天地」，〈修身〉「少而理曰治」，〈君道〉「周天地，理萬變」其中所言的「理」就是沿用「理」的古義。而〈非十二子〉「持之有故，言之成理」中的「理」則明顯與墨辯的「名實之理」相類。此外如〈大略〉「義，理也，故行」，〈議兵〉「義者循理」，〈儒效〉「言必當理，事必當務」所言之「理」則

〔註14〕以下莊子引文據《莊子集釋》，不煩一一細註。
〔註15〕以下荀子引文據《荀子集解》，不煩一一細註。

乃指吾人意志行爲所應遵守之當然之理。除上述三者外，荀子亦有純就事物本身而言的「物理」，如〈解蔽〉「見鬚眉而察理矣」；〈賦篇〉「夫是之謂蠡理」，「夫是之謂箴理」；〈正名〉「形體色理以目異」以及〈性惡〉「骨體膚理好愉快」中之「理」便是指事物之形式或構造之理。然而荀子言「理」最具特色的則是「文理」，荀子言「文理」每喜與禮合論。如〈禮論〉「文理繁，情用省，是禮之隆也。文理省，情用繁，是禮之殺也。文理情用相爲內外表裏，並行而雜，是禮之中流也」。此處言禮之適當與否在於文理及情用之相互協調。然則，「文理」究竟是什麼意義的理？據〈臣道〉「禮義以爲文，倫類以爲理」的觀點，王先謙《荀子集解》解釋云：「文，用爲文飾。倫，人倫。類，物之種類。言推近以知遠，以此爲條理也。」〔註16〕可見荀子言「禮」，重點在指出「禮」具有一定的客觀外在體制，而體制之所以能定立是要有賴於對人倫、事物等有恰當的認識和辨別。而通過對人倫、事物了解所得的條理就是「文理」，也就是「禮文之理」。

在先秦諸子中，對「理」作出總結要算是韓非子，而事實韓非子對「理」亦有較具體的界定。〔註17〕〈解老〉「道者，萬物之所然也，萬物之所稽也。理者，成物之文也。物有理，不可以相薄。故理之爲物之制，萬物各有理，而道盡稽萬物之理也。」在此，「道」是統攝萬物的最高範疇，而「理」則是物之所以爲物，及物之所以相異的特殊規律，故云：「理者，成物之文也」。〈解老〉亦云：「短、長、大小、方圓、堅脆，輕重白黑謂之理。理定而物易割」而短、長、大小、方圓、堅脆、白黑，都是指事物本身的形式相狀，是事物之所以能分別、以及相異的根據。因此韓非子言「理」主要是就客觀事物本身而言的「事物之理」。

經以上的分析，可知「理」最早的古義應爲「治玉」，原初是一種人爲的活動。然後在研磨玉石的過程中，發見玉石身上具有一定的紋理；於是，「理」乃由玉之紋理進一步引伸指其他事物身上的條理或規律。故此，「理」的本義主要是就人的活動而言的，至於條理及規律意義的「理」乃是引伸義。而且，理作爲條理規律，並沒有特定的內容，可容許不同的思想系統施以實質的決定。是以，「理」從原初表示玉石之紋理，發展到先秦諸子，便隨諸子本身各別的思想形態，引伸而成爲一個含義相當豐富的哲學觀念。然則，戴震在《疏

〔註16〕見《荀子集解》，頁 2560。
〔註17〕以下韓非子引文據《韓子淺解》，不煩一一細註。

證》中對「理」之意義的三種詮釋，是否合於「理者，治玉也」的本義？而且，東原認為這種詮釋是最為恰當的；反之，宋儒所言之「理」則不合於古訓。他這種看法又是否有充份的理據？這都有待進一步的檢討。

第二節　「理」之兩重義的分疏及詮釋方法上的問題

就「理者，治玉也」來看，「理」之本義具有活動的意思。而東原所了解之「理者，察之而幾微必區以別之名也」的「理」，也是表示一種對事物條分縷析的理智活動。這雖然與「理者，治玉也」在所施的對象上有所不同，然而兩者都是一種人為的活動。就此而論，則東原對「理」的本義並非全無了解，他提出的活動義的「理」與「理」的本義亦十分相近。然則，東原以上述這種活動義之理作為基礎，進一步引伸而出的「事物之理」，以及「以情絜情」之理，又是否能緊扣「理」的本義，並進而作出合理的發揮呢？

唐君毅先生指出在先秦經籍中，「理」於使用上的分際可有二種簡別：

> 一種是橫的平列的分別，如一眼所見天高地下萬物散殊之分別。一種是縱的或先後的分別，如「物有本末，事有終始」中之本與末終與始的分別。前者是靜的分位上之相差異，後者成動的歷程次序。理之一名，可用在各物之靜之分位之差異上，亦可用在一動之歷程之次序上。〔註18〕

上述「理」之兩種使用方式，若比對先秦諸子所說的「理」來看。首先孟子所說的「理義悅我心」之「理」，就顯然不是指外在的規律，而是表示道德實踐之所以可能的法則。至於「金聲也者，始條理也；玉振之也者，終條理也。始條理者，智之事也；終條理者，聖之事也。」意謂「禮」由金聲到玉振，以及「成德」由智到聖是一個過程，故此「條理」應是指歷程中的次序條貫。至於墨辯所言的「名實之理」，是就人的推理活動而提出的，因此亦是關乎推論與及思辯過程中的「理」，並非側重事物之分別而言。此外，莊子所說的「天理」，本身是超乎事物以外的形上虛理，著重從事物盛衰變化的歷程中去認識。故此，這種「天理」亦非一靜態的，分殊的事物之理。換言之，孟子、墨子及莊子都是強調從「動的歷程次序」來了解「理」的。

至於強調從物之分別及差異來了解「理」的，在諸子中則可說乃由荀子

〔註18〕同註十，頁 19～20。

開始。荀子所言的「箴理」、「膚理」都是指事物的形式構造之理。而荀子最喜言的「文理」亦是就客觀的禮樂制度而言，重視對客觀人倫、事物的了解。故此荀子對「理」的態度，大體上是視作靜態的客觀對象來了解的。而完全側重於客觀事物上來了解「理」的，諸子中祇有韓非子。韓非所言之「理者，成物之文」就是指客觀的事物之理，表示事物的形式相狀、方圓、以及白黑。是以，荀子與韓非子對「理」了解之側重點與孟子、墨子和莊子並不相同，可說是完全就「事物之靜之分位之差異上」來了解「理」的。

從原初「理者，治玉也」的本義來看，「理」表示一種人為的活動，而且活動本身乃是一個具體的過程。而凡過程必有先後始末，形成一個動態的歷程次序，故此「理」的本義應該是著重「縱的或先後的分別」而言，而非「靜的分位之差異」的。順此，再進一步結合上文先秦諸子對「理」的了解來看，則由孟子、墨子、莊子、荀子，以至韓非子，可以發覺其中存在兩種不同取向。其中荀子與韓非子強調從事物之形式相狀，分位的差異來了解「理」，無疑是較為晚出的看法。至於孟子、墨子，及莊子重視在人為的活動中，從活動過程的終始條貫，歷程次序方面來了解「理」，這方是首出以及符合「理」之本義的看法。而唐君毅先生對於「理」這兩重意義的分際及出現的先後更有以下的看法：

> 從物之方圓、白黑之分位之分別上看……從條分縷析，察之幾微，以使我之情得其平上說，亦是指人我分位上之分別……在先秦經籍中乃第二義或引申義分別之理。……在先秦中第一義原始義之分別之理，應是指動之歷程中之分別之次序，而且是指人之內心思想態度行為之歷程之次序者。〔註19〕

唐先生指出著重「動之歷程中之分別之次序」之「理」方是原始義及第一義的，而重視「方圓、白黑之分位之分別」之「理」則祇是引伸義及第二義的。除區別出「理」的原始義及引伸義之外，唐先生亦指出「引申義」之理「在靜的分位的分別中，可只見分而不見合，則理之一名可只有分別義，而無總持義」；至於「原始義」之理「在動的歷程之序之分別並不妨礙其為一整個之歷程，亦不妨礙有一總持此歷程者之貫於其中，無時而不在」〔註20〕。故此，依唐先生的分解，第一義及原始義的「理」是強調「總持義」的；而第二義

〔註19〕同上註，頁 20。
〔註20〕同上註，參閱頁 20。

及引申義的「理」則是側重「分別義」的。最後，唐先生對此二者更有以下的總結：

> 明重理之見於人之活動的歷程中之義，且皆不只重理之分別義，而復重理之條貫義，總持義者。此正當為「理之原義為治玉之治」之一最直接而合法之引申，亦為中國先秦經籍中代表一抽象概念之原始義之理。至於以理指治玉後在玉上所見之紋理，以理指鰓理，指一切人之感覺思想行為活動及於物後，所見之物上之形式相狀性質，並稱此等等為物上之文、物之理……則為間接之第二義以下之引申。〔註21〕

經唐先生對「理」之兩重義的分疏，然則東原從訓詁立場對「理」所作出之詮釋是否能緊扣「理」的本義？而且東原對「理」的了解，究竟是傾向於「總持義」，還是「分別義」呢？若就東原所言「察之而幾微必區以別之名」的理智活動意義的「理」來看，則這明顯乃著重於把「理」視作一種人為的活動來了解，這種看法與「治玉之治」的理之本義可說是十分相近。而且單就此而論，亦難以判定東原對「理」的了解，究竟是傾向於「分別義」還是「總持義」？因為東原對「理」尚有由本義進一步引伸的「事物之理」以及「以情絜情」之理的看法。

首先若以東原所謂「在物之質，曰肌理，曰腠理，曰文理；得其分則有條而不紊，謂之條理」的「事物之理」來看，則這種看法顯然是著眼於客觀事物的形式相狀而言，完全側重於「分別」上言理，以及從客觀對象上來了解理的。這與荀子，尤其是韓非子對「理」的了解顯明是同為一路的。換言之，東原這種看法是屬於「第二義」的。其次，至於東原所言「道德規範」意義，即「條分縷析，察之幾微，以使人我之情得其平」的「以情絜情」之理，據唐君毅先生上文的辨析，也是著重於人我分位的分別上而言的，換言之，也應是屬於「第二義」的。然則東原這種「人我之情得其平」之「理」，又是否正如唐先生所指只重「分別義」，而忽略「總持義」呢？這則有待進一步的考察。

據東原所論，「人我之情得其平」是要吾人「以己之情絜人之情」，藉反求諸己和反躬自問，以使一己之情與別人之情相通達。故此「情之能達」從其達於別人的情來看，顯然是有人我主客的區分存在，而人我之情得其平就

〔註21〕同上註，頁24。

是要致力使這區別和差異盡量減少，合乎所謂「人之常情」，使人我之情相通，達致「以情絜情無爽失」之目的。由於人我始終是有所分別的；那麼，究竟東原是以甚麼原則作為人人皆同的標準呢？這就是東原承自孟子的「心之所同然」之「理」。而心之所同然之「理」之所以為人人所認同，東原認為是基於這種「理」要透過吾人的心知，對事物和事情施以微鑑密察，條分縷析的活動而得出的。故此這種「理」並非由人一己隨意決定的，而是在義理上有其客觀的必然性。當然這種「理」是否具有客觀的必然性，在理論上仍有待證明？但由於東原把「心之所同然的理」視為「以情絜情」的準則，而這種「理」乃由「心知」的察之幾微，對事物和事情加以區分和別異而得出的，於是「以情絜情」的「理」乃自然傾向於「分別義」。

　　原初「以情絜情」從以己之情絜人之情來看，顯然是與自我主體有關的，而不應是純粹外在客觀的事情。假若「以情絜情」與自我主體有關，則人我之情相通達的基礎，便不應是外在的事物，而應該落在主體的心性上。這樣對心之所同然之「理」的了解，就必須要強調「理」作為吾人內在思想態度行為的準則，是由意志所自主自定的，而且在道德實踐的過程中有其一貫和總持的作用。然而東原卻把「理」解釋為純粹外在客觀事物之理，以及為心知的所對。這完全是基於他要反對朱子「理得於天而具於心」的看法，因而強調「理」為「事物之理」，以及堅持「理在事中」，於是乃只重視理的「分別義」，而忽略了「理」原初所有的「總持義」之作用。這正好說明東原在「理」的了解上，雖有所見，亦有所蔽。

　　經以上的辨析，可以發現東原對「理」的了解除在作為一種「察之而幾微必區以別」的活動義上，能扣緊「理者，治玉也」的原義之外。在這基礎上的引伸卻顯然有所局限，不論「條分縷析，察之幾微」的事物之理，以至「聖人以通天下之情，遂天下之欲，權之而分理不爽，是謂理」所表示的道德意義之理，都是偏向於「理」之分別義而立論，並未能察識「理」之本義原應是側重「總持義」的，而「分別義」只是第二義的，間接的引伸。

　　故總合而論，從訓詁的立場來看，東原把「理」訓釋為一種治理的活動，是合乎「理者，治玉也」之本義的。然而，他在「理」之本義的進一步引伸，即把「理」解釋為事物的規律或條理，以至「以情絜情」的規範原則，都只是重視「理」之分別義，而忽略了「理」原初總持義的使用。然則東原這種側重「理」之「分別義」的詮釋，究竟能否有效批評宋儒所言之「理」不合

於古訓？

　　依唐君毅先生的看法，宋儒對「理」的看法，「多是就人對其他人物之活動雖各不同，然皆原本於一心性，以言具總持義之性理；並由吾人與萬物性理之同原處，以言總持義之大理。」〔註22〕換言之，宋儒言「理」反而能重視理的「總持義」，與東原側重理的「分別義」，二者確有分歧。而且宋儒強調從總持方面來了解「理」，根本就是理之本義最直截的引伸，可說比東原側重「分別義」的了解更合於「理」的本義。進一步說，東原批評宋儒對理的了解有違「理之本義」，在義理上是欠缺充份理據的。

　　再者，東原對理的詮釋，是以訓詁學的方法，從考據字詞的「本義」入手，希望以字義考證的方式來決定「理」的意義，並進而批評朱子對「理」的理解。換句話說，東原這種研究取向，一方面是從「字義」的探討出發，來進行哲學思想的研究，主張從一字一句的訓釋開始，由字進而通乎詞，由詞進而通乎道；而在另一方面，則主張以考據來決定義理，強調藉訓詁考據，對經籍取得正確的訓釋，便可以通乎古聖賢的心志。然而，東原這種研究取向是否可行？這至少有兩個問題須要先行解決。首先就是「字義」的了解是否就等於「內容」的了解？其次，考據明是否就相當於義理明？簡言之，就是東原上述的研究方式在「方法論」上是否可行和合理？

　　首先在「字義」與「內容」的理解問題上，要知道每一哲學概念都有其特定的使用方式，這種方式與該概念的原義或本義都未必相符，這在哲學史中是十分平常的事情。事實上，許多哲學家都喜歡替故有的名詞賦上新的意義，來闡述自己的哲學思想，因為該名詞原來的意義不足以表示他的看法。勞思光先生指出這可以說是「特殊語言」與「日常語言」在理解上的衝突問題。勞先生說：

　　　　舊日治訓詁以說經之學者，大抵皆先考求某字某語在古代之常用語義，然後據以釋經籍；此一方法若以之處理一般古代文件，則確屬最合科學標準之方法。但當吾人面對某一特殊哲學理論時，則即不能忽略此處有「特殊語言」與「常用語言」之分別問題；蓋立一理論時，此論者常因所言之理非常人所已言及者，故不得不予舊有之語言以新意義，因而構成其特殊語言。在此種情況下，學者只能據其立論之內部語脈以了解其特殊語言，而不可再拘於常用語言中某

〔註22〕同上註，頁 25。

字之意義，而強以之釋此理論也。〔註23〕

勞先生的見解正好指出東原這種研究方法的局限，字義的了解並不相等於哲學概念的了解，因為其中確有「特殊語言」與「日常語言」的差別存在。所謂「特殊語言」就是特定思想系統中的哲學概念的意思，這些概念的意思與本身日常的使用有頗大的差別，往往必須納入特定的思想系統中，它的內容才可能得到實質的決定。

其次，在考據與義理的關係上，徐復觀先生亦指出考據明並不就等於義理明。他認為古代的經籍，由於年代久遠，往往有許多文獻的問題有待解決。而訓詁考據的工夫，在這方面當然有它的作用和價值。然而僅靠訓詁考據，並不能把握古人的思想。在訓詁考據以後，還有許多重要的工作。對於其中的關鍵，他有這樣的說明：

> 我們所讀的古人的書，積字成句，應由各字以通一句之義；積句成章，應由各句以通一章之義；積章成書，應由各章以通一書之義。這是由局部以積累到全體的工作。在這步工作中，用得上清人的所謂訓詁考據之學。但我們應知道，不通過局部，固然不能了解全體；但這種了解，只是起碼的了解。要作進一步的了解，更須反轉來，由全體來確定局部的意義。……由一家的思想而確定一書之義。這是由全體以衡定局部的工作……此便非清人訓詁考據之學所能概括得了的工作。〔註24〕

徐先生所論，尤其涉及文本解釋時，整體與部份關係之見解，與當代西方解釋學所論之「解釋學循環」（Hermeneutical Circle）正好相合。徐氏強調訓詁考據所重的只是一字一句的訓釋，以為由字通詞，由詞通句，可循序漸進，最後獲得全書的了解。然而這種單向的方式，主要是偏重於所謂「局部」之了解，而局部的了解只是作為詮釋的起點。徐先生指出真正的詮釋工作，除局部的了解之外，更應反過來，由全體以確定局部，亦即以一家的思想來確定一家的著作。這種雙向往返的詮釋，才不會有孤立考察，見樹不見林的毛病。

故此，從「方法學」的角度來看，即使東原對「理」的本義了解無誤，亦不足以表示他對孟子和朱子之「理」的了解同樣無誤。因為「字義」的了

〔註23〕見《中國哲學史》第三卷，下冊，頁902。
〔註24〕見〈有關思想史的若干問題〉，本文收於《中國思想史論集》，頁113。

解並不等於哲學概念的了解，二者根本各有不同的分際。哲學概念往往是一套「特殊語言」，並非「日常語言」。而訓詁考據所得的字義，大抵只是「日常語言」，亦不足以決定特定哲學系統的特殊概念。再者，東原重視一字一句的訓釋，認為從字句開始，最後定可通乎經籍的義理。實質從方法學的角度來看，字義的詁釋只是基礎的工作。更重要的是還要從全盤著眼，透過哲學思想本身來衡定一字一句的訓釋，通過往返的詮釋，這樣才會得到全面的了解。故此東原這種詮釋的取向只是重視「局部」對「全體」的作用，而忽略了「全體」對「局部」亦有相應的效用，因而可以說是有所局限，未夠全面的。進一步說，由於訓詁字義考證的方式並不足以解決哲學概念的詮釋問題，故此本文於餘下的篇幅，即從孟子與朱子的哲學系統本身，來回應東原的詮釋及批評。

第六章　從孟子的立場檢討東原之詮釋

第一節　孟子言本心與東原言心知

　　據前文所論，東原在《疏證》中對孟子的詮釋，除重點主要是放在「心之所同然者，理也義也」以及「理義悅心」之外，對孟子的「心」，「性」以及多方面的義理都有所觸及。其中東原的基本看法是把孟子所言「心之所同然」之「理」，解釋爲吾人透過心知的理智活動，對事物及事情，施以條分縷析而得出的規律。其次「理義悅心」之心是「認知心」，而心悅理義則屬於「性」的份內事。至於「理」與「心」的關係，則爲理外在於心，心與理爲二。再次，由於東原對朱子的批評，其基本的論據乃來自對孟子的詮釋。換言之，究竟東原對孟子的詮釋恰當與否，對於他繼而批評朱子，能否具備充份理據，乃顯得十分重要。進一步說，從孟子的立場檢討東原的詮釋，一方面不單可檢視東原詮釋孟子之得失，尤爲重要的，更有助於進一步衡定東原在下一步對朱子的批評。因爲朱子對心、性和理的體會，與孟子之義理確實是有一定的傳承關係，析言之，東原與朱子義理系統的差異，可透過兩者詮釋孟子思想的分別而得以展現。

　　上述各端，將於下文逐一探討。

　　鑑於東原對孟子的詮釋不限於理，而旁及心、性等重要概念。更且孟子言「理」以及「理義悅心」，乃從「心性論」的基礎推導而出。故此要了解孟

子言「理」以及「理義悅心」的義蘊，乃必得先對孟子的「心性論」有恰當的說明。

首先，依孟子的思想理路，「心」之實義，乃藉「不忍人之心」與「怵惕惻隱之心」之發見而指點的。孟子說：

> 所以謂人皆有不忍人之心者，今人乍見孺子將入於井，皆有怵惕惻
> 隱之心。非所以內交於孺子之父母也，非所以要譽於鄉黨朋友也，
> 非惡其聲而然也。（〈公孫丑〉上 3.6）〔註1〕

此所謂「不忍人之心」就是不忍他人受到傷害之心的意思。回想吾人之經驗，當我們「乍見孺子將入於井」時，內心每每會感到憂慮，即時併發悲憫不忍之情，當下立即有衝過去救人的念頭。此中「乍見」是忽然遇上的意思，這種突然而來的遭遇，使人根本沒有機會從事利害的計慮。換言之，「惻隱之心」的流露是純粹無私之動機和目的。救人既不是要與孺子的父母結交，也不是要於鄰里朋友面前博取聲譽，更不是害怕被人指責不救人而得到惡的名聲。這全然是人當下「怵惕惻隱之心」所發，是不附帶任何條件的道德行為。故孟子接著說：

> 由是觀之，無惻隱之心，非人也；無羞惡之心，非人也；無辭讓之
> 心，非人也；無是非之心，非人也。惻隱人心，仁之端也；羞惡之
> 心，義之端也；辭讓之心，禮之端也；是非之心，智之端也。人之
> 有是四端也，猶其有四體也。（〈公孫丑〉上 3.6）

基於惻隱之心的流露是本心的直接呈現，而人人皆能呈現這純粹無私的心，足以證明人心本是善的。由此進一步引伸，則羞惡、辭讓、是非，與惻隱之心，正如四肢一樣，都是人人皆生而有之的。在「四端」之中，孟子雖然祇是具體闡明了「惻隱之心」，對其餘三者沒有繼而逐一展開，細加闡釋。事實上，仁義禮智是一體之四面，能闡明人有仁心，其餘的便不須要再說明了。〔註2〕故此，仁義禮智，此四端可以說是道德本心一體之展現和伸展，是道德本心的不容已。

牟宗三先生於一系列論述儒家的著作中，指出康德之道德哲學與儒學在義理上正可以相互比對。尤其孟子和康德都屬「自律道德」的形態，在義理上更為相近，故本文亦於相關之處，以康德的義理來貫通孟子，希望藉此可

〔註1〕 孟子引文見楊伯峻著《孟子譯註》，並根據該書篇章數字之次序方便查檢，下文不煩再註。

〔註2〕 參閱楊祖漢著《孟子義理疏解》〈心性論〉頁65。

對孟子思想的義蘊有更眞切的理解。〔註3〕首先，康德在論及「善的意志」時指出，「善的意志」之所以爲善，並不在於意志所發之行爲所達致的任何功效或得益，而純粹在於意志本身。康德說：

> 一善的善志之爲善，並不是因爲它所作成的而爲善，亦不是由它的適宜於達成某種擬議的目的而爲善，而乃單是因著決意之故而爲善，那就是說，它是其自身即是善的。……理性底眞正使命亦須去產生一意志，此意志之爲善不祇是當作達至某種別的東西的手段而爲善，而且其本身就是善……我們是要把意志之概念發展成這樣一種意志，即它是單爲其自己即值得高度地被尊崇，而且其爲善並不因顧及任何別的東西而爲善。〔註4〕

依此，「善的意志」本身之所以爲善，並不因爲它可以達致某種目的，而祇是在於其本身，乃純粹爲行善而行善，絲毫沒有半點私利和物欲。康德稱這種意志爲「純粹意志」（Pure will）及「神聖意志」（Holy will），以表示善的意志本身就是絕對的善。據此了解，則孟子仁、義、禮、智四端之所以發的「道德本心」實質也就是一「善的意志」，因爲「惻隱之心」的流露完全是純粹無私，無計慮的，與康德所言的「純粹意志」正好相合。

　　復次，孟子在與公都子討論大人、小人以及大體、小體的分辨中，其中論及「心之官則思」的問題，對「心」的功能亦有所闡釋。透過這討論，亦可以從「思」的角度，了解孟子所說的究竟是什麼意義的「心」？據〈告子上〉載：

> 公都子問曰：鈞是人也，或爲大人；或爲小人，何也？孟子曰：從其大體爲大人，從其小體爲小人。曰：鈞是人也，或從其大體，或從其小體，何也？曰：耳目之官不思，而蔽於物。物交物，則引之而已矣。心之官則思，思則得之，不思則不得也。此天之所與我者。先立乎其大者，則其小者不能奪也。此爲大人而已矣。（11.15）

依孟子的看法，「大體」指人之本心，「小體」指人的耳目感官。從這個區分，可以進一步推出「大人」及「小人」的對比，顯示出二者可有價值高低的差

〔註3〕 牟宗三先生以康德哲學會通儒家道德哲學的觀點，廣見於《康德的道德哲學》、《心體與性體》、《圓善論》、《智的直覺與中國哲學》、《現象與物自身》等著作。

〔註4〕 見康德《道德底形上學之基本原則》（Groundwork of the Metahysics of Moral），中譯據牟宗三先生《康德的道德哲學》頁16～20。以下簡稱《牟譯》。

別。其中孟子認爲本心是「大體」，乃是吾人行爲的主宰。故人理應遵從「本心」所定的方向，以作道德的踐履。反之，耳目感官只是「小體」，若只追逐耳目的官覺欲望，爲私欲所蒙蔽，隨物欲而流轉的話，便成爲與禽獸無異的小人。故此吾人必須撤除「小體」的羈絆，依從「大體」來行事，這才是眞正的道德踐履。而孟子更指出從「大體」，去「小體」的關鍵主要是在於「心之官的思」。

牟宗三先生對孟子「心之官的思」有以下的解釋：

> 心官與耳目之官相對而言，「思」是其本質的作用，故通過此「思」字，它可以與耳目之官區以別。「思」能使你超拔乎耳目之官之拘蔽之外，它是能開擴廣大你的生命者。故若你能思，則你便得到你的心官（你的仁義之本心）而實有之」。〔註5〕

故此「心之官的思」所表示的乃是道德實踐意義的「思」，與孟子言「道德本心」的義理是前後一貫的。

反之，戴東原對孟子的「心」之詮釋，主要是就「心」的認識及察辨功能而著眼的，他的了解綜合主要有以下幾點：

> 舉理，以見心能區分；舉義，以見心能裁斷。分之，各有其不易之則。〔註6〕

> 理義在事，而接於我之心知。血氣心知，有自具之能：口能辨味，耳能辨聲，目能辨色，心能辨乎理義。……理義在事情之條分縷析，接於我之心知，能辨之而悅之；其悅者，必其至是也。〔註7〕

> 就人心言，非別有理以予之而具於心也，心之神明，於事物咸足以知其不之則，譬有光皆能照，而中理者，乃其光盛，其照不謬也。
> 〔註8〕

就上述這幾點來看，東原基本是以「心知」來解釋孟子所言之「心」的功能，認爲「心」實質就是「認知心」，以察照和認識事物的規律爲其職能。而且「心知」與耳目同爲吾人的官覺，只不過耳目是基本的感知官能，而「心知」則是在耳目感官之上的認識官能，故此「心」乃從心理學以及實然的角度來了

〔註5〕見《圓善論》頁51。
〔註6〕見《疏證》卷上，〈理〉頁3。
〔註7〕見《疏證》卷上，〈理〉頁5。
〔註8〕見《疏證》卷上，〈理〉頁7。

解。其次，他指出孟子所言「心之官則思」亦是著重在認知功能方面的。他云：

> 孟子：「耳目之官不思，心之官則思。」是思者，心之能也。精爽有
> 蔽隔而不能通之時，及其無蔽隔，無弗通，乃以神明稱之。〔註9〕

在此，東原指出「思」從其作爲「心之能」來看，亦應是指對事物察識及辨別的功能；換言之，「思」與「心」的功能一樣，乃側重於認知意義的。

　　然而據上文的闡釋，可知孟子的「心」顯明爲道德的「仁義之心」，而「思」的作用，亦是落在道德實踐上的。而牟宗三先生對「心之官則思」除卻上文的解釋外，更有以下進一步的說明：

> 此思即他處孟子言「思誠」之思，亦〈洪範〉「思曰睿，睿作聖」之
> 思。依康德詞語說，是實踐理性中之思，非知解理性中之思」。〔註10〕

由此可見孟子的「思」實非認知意義的，所謂「心之官則思」，就是以心逆覺其自己的本心性善。依孟子思想，本心性善爲人人所本有的，惟每每爲私欲所障蔽，而不能使它必然有所呈露。即或時有不自覺的呈顯，亦可能因私欲或其他種種感性條件的牽制，以致那點欲顯的端倪很快又沉隱而無法顯露。故此，要本心性善能有所呈現，必須通過「逆覺體證」的功夫。而逆覺就是孟子所謂「堯舜性之，湯武反之」的「反」，是向自己內在本心所發的一種覺醒，表示要反求諸己，從而體證自己內具的本心性善。故此東原對孟子之「心」的了解可說是完全不相應的，根本有違孟子言「道德本心」的義蘊。

　　故綜合而論，從孟子對「心」的闡述來看，「心」乃是吾人的德性主體，是內在之道德本心，它並非心理學意義，以及就心理情緒活動而言的情識心；亦非知識論意義，就吾人認識及思辨能力而言的認知心。所以東原以「認知心」來詮釋孟子的「道德本心」可以說是完全不諦當的。他這種詮釋不獨對孟子「四端之心」無相應的體會，對「心之官則思」的解釋與孟子的本義亦相去甚遠。

第二節　孟子言性善與東原言氣稟之性

　　孟子所言的「心」既爲道德本心，然則「性」又應當如何了解？孟子言

〔註 9〕見《疏證》卷上，〈理〉頁 5。
〔註10〕同註五，頁 52。

「性」主要透過「即心以言性」,「人禽之辨」以及「性命對揚」的推論,來迫顯「性」的義蘊。以下即首先論述孟子如何「即心以言性」:

> 公都子曰:「告子曰:『性無善無不善也。』或曰:『性可以爲善,可以爲不善。』……或曰:『有性善,有性不善。』……今曰:『性善』,然則彼皆非與?」孟子曰:「乃若其情,則可以爲善矣,乃所謂善也。若夫爲不善,非才之罪也。惻隱之心,人皆有之;羞惡之心,人皆有之;恭敬之心,人皆有之;是非之心,人皆有之。惻隱之心,仁也;羞惡之心,義也;恭敬之心,禮也;是非之心,智也。仁、義、禮、智,非由外鑠我也,我固有之也,弗思耳矣。故曰:求則得之,舍則失之。〈告子上〉(11.6)

公都子所提及「性」之三種說法,雖然重點有所不同,但都是就自然之質來說「性」的,可以概括在「生之謂性」的原則內,而公都子就是以這三種「性說」來質疑孟子的「性善說」。告子及其他人所提出的三種「性」主要是就個體存在的自然之質而立論的,而孟子所說的「性」與這三者都並不相同,乃是從理性的立場,以及道德價值上提出的。在上文的討論中,孟子並無正面駁斥公都子提出的三種性說,祇是從「惻隱之心」以及「仁心」之流露來推證「性善」的存在。所謂「乃若其情,則可以爲善」,此處的「情」指人之爲人之實情,並非情感之情,而人之爲人的實情,實則就是指人內在的「心性」。

在孟子的思想中,心、性、情、才是同一的。換言之,就人性的實情來說,人人都是可以爲善的。〔註11〕假若有人不能爲善的話,並非他的本性不善,祇是未能充份踐現自身的「性」,使善性不能如實呈顯而已。故孟子云「若夫爲不善,非才之罪也」,意謂只要能去除形軀欲望的宥限,惻隱、羞惡、恭敬、是非之心是隨時都可以呈現的。「仁、義、禮、智,非由外鑠我也,我固有之也,弗思耳矣」,正表示由四端之心所推證的性善,是吾人所固有的,祇是人們對此不加以反省,以致茫然不覺而已。故孟子云:「求則得之,舍則失之」正是強調吾人理應反求諸己,自覺去除本身形軀的生理欲望,便能當下體現自身本有的性善。不然,執迷不悟,順形軀欲望而流轉,性善便不能呈現,這就是失其本心了。是以,孟子言「性善」是由「四端之心之善」進一步推證得出的。

蔡仁厚先生對孟子之「性」,有以下的說明,他指出:

〔註11〕關於孟子心、性、情、才的實義,參閱《心體與性體》第三冊頁416～424。

性乃是潛隱自存的本體，它必須通過心的覺用活動而呈現。所以，性不可見，由心而見。而孟子亦正是即心而言性，以心善言性善。〔註12〕

於此，孟子即心善以言性善的推證方式，並非分解的展示，乃是藉著吾人「乍見孺子將入於井」時，仁心之自然流露，實為當下本心之不容已而證成。由於儒家內聖之學是生命的學問，仁義禮智是要在生命中去體證，而不是靠邏輯推論去證明的。故此，孟子就是以這種活生生，不離人倫日用的親切體驗，以指點提撕，人人都可以逆覺自身的本心性善。

雖然如此，在另一方面，孟子亦透過對立逼顯的方法，以「人禽之辨」及「性命對揚」來展示吾人之「性」的義蘊。以下即先闡釋「人禽之辨」：

> 人之所以異於禽獸者幾希；庶民去之，君子存之，舜明於庶物，察於人倫，由仁義行，非行仁義也。（〈離婁下〉8.19）

孟子指出人與禽獸同為動物，在渴飲饑食的基本生理欲望上，可以說是無分別的。然而人之所以為人，必定有與禽獸所以相異的地方，即使這相異之處只是極微少，已足以區別人與禽獸的不同。孟子指出「人之所以異於禽獸者幾希」的幾希就是指人之「性善」及人能行仁義；仁義是人本身所固有的，並非向外探求所得，祇要吾人能自覺這點與禽獸相異的幾希，加以存養擴充，便能充分展現吾人的本性。故此，孟子與告子辯論人性時，以「人之性」不同於「犬羊之性」，反詰告子就「生之謂性」的原則來了解人性，就是要強調人在純動物的生理欲望之外，更有與禽獸不同，較禽獸更高價值之性。〔註13〕

而孟子之所以不從人的本能欲望方面言性，而從異於禽獸的幾希處言性善，就是要在人之生命的自然之質的性之上，開顯另一層能樹立人之所以為人之價值的內在道德性。孟子這種價值取向，在「性命對揚」有進一步的開展。

> 孟子曰：口之於味也，目之於色也，耳之於聲也，鼻之於臭也，四肢之於安佚也，性也，有命焉，君子不謂性也。仁之於父子也，義之於君臣也，禮之於賓主也，知之於賢者也，聖之於天道也，命也，有性焉，君子不謂命也。（〈盡心下〉14.24）

口、目、耳、鼻之欲及四肢之於安佚，雖然都是人性之所欲，可是孟子卻認

〔註12〕見《孔孟荀哲學》頁199。
〔註13〕參閱《圓善論》，第一章，第三節〈「生之謂性」辯〉的分析。

為君子都不會把這些耳目之欲視為人之性，因為這種性是就告子所謂的「生之謂性」的原則而言的，完全是自然之質的生理欲望之性。當然，孟子亦承認人性本有這些生理的欲望，可是這些自然之性卻並非人之所以為人的意義與價值的所在。

「性也，有命焉」表示這些生理欲望的滿足，並非自我性分所能決定，反之必須受到外在客觀的限制。命就是限制的意思，表示自然生理欲望由於要求之於外，自然沒有如願的必然性。而且，人一旦對追求私欲的滿足不加限制，只會對自己的生命造成損害。故此，孟子認為必須從自然之質的性翻上來，逆覺人具有另一層超越生理欲求的「道德理性」，這就是性善所涵攝的仁義禮智。然而人雖具有仁義禮智這些道德理性，可是在現實生活上卻未必一定能求仁得仁，盡義得義，往往有無可奈何之嘆。雖然如此，君子卻不會就此而認命放棄；反之，更會知其不可為而為之，盡自己的本分，踐仁盡性。故孟子云：「有性焉，君子不謂命也」，就是要強調人在自然之質的性之上，更有仁義禮智的「道德理性」。

自然之質的性，受形軀的「命限」，是永不能自主自足的，故此人必須從自然之質的性超拔起來，擺脫形軀的的「命限」，踐履人人性分本具的「道德理性」，這才能顯出人作為德性主體的價值，及人性的尊嚴。孟子「性命對揚」的義蘊，發展到宋儒，便成為「義理」與「氣質」之性的對比。其中耳目口鼻之欲屬「氣質之性」，而仁義禮智則屬「義理之性」。

至於東原，由於對於「性」有所謂「性者，分於陰陽五行以為血氣、心知、品物，區以別焉」，以及「然性雖不同，大致以類為之區別」的看法。於是他乃純從氣稟方面，以及就人之本能及生理自然方面來了解孟子的「性」，認為性作為人的本質，只是一個「類概念」。是以東原詮釋孟子與告子辯論的「生之謂性」章，其立論與孟子就全然不同，他說：

> 孟子曰：「凡同類者舉相似也，何獨至於人而疑之！聖人與我同類者」，言同類之相似，則異類之不相似明矣；故詰告子「生之謂性」曰：「然則犬之性猶牛之性，牛之性猶人之性與」，明乎其必不可混同言之也。天道，陰陽五行而已矣；人物之性，咸分於道，成其各殊者而已矣。〔註14〕

表面看來，東原同意孟子要分辨人與牛的區別，不贊成告子的說法，似乎與

〔註14〕見《疏證》卷中，〈性〉頁25。

孟子的主張無牴觸。可是東原所了解的人之所以與牛有區別的論據,與孟子完全不同。他指出孟子認為人之所以與牛不同,是因為二者由生命自然的種種徵象構成的性並不相同。換言之,他是從「氣稟之性」的自然之質處分辨人性與牛性的不同。然而孟子認為就生命自然之質處著眼,人與牛固然是「類不同」。但這種不同並不能顯出人的價值,所以孟子是從內在於人的「道德理性」,或人的仁義禮智之處說「性」,並由此以顯出人與牛的不同。故此孟子分辨人性與牛性之不同,乃性之不同層次上的不同,而非「類概念」的不同。東原之所以認為孟子亦是從「類概念」的不同,以區別人性與牛性,完全是因為他認為孟子的「性」就是氣稟之性,或只得氣稟之性一層,把「道德理性」與「氣稟之性」的區別取消。因此孟子言「理義為性」,東原認為只是表示心知通乎理義,與耳目之通乎聲色一樣,同屬吾人的「氣稟之性」使然。所以東原對孟子之「性」的詮釋可以說是缺乏相應的理解。

　　再者,由於東原認為孟子的「性」純屬氣稟之性,於是他乃繼而將孟子由「惻隱之心」之所以發,以證明人性本善的推論,解釋為是基於人人皆「懷生畏死」的本能欲望。他說:

> 孟子言「今人乍見孺子將入於井,皆有怵惕惻隱之心」,然則所謂惻隱、所謂仁者,非心知之外別「如有物焉藏於心」也。己知懷生而畏死,故怵惕於孺子之危,惻隱於孺子之死,使無懷生畏死之心,又焉有怵惕惻隱之心?推之羞惡,辭讓、是非亦然……此可以明仁義禮智非他,不過懷生畏死……古聖賢所謂仁義禮智,不求於所謂欲之外,不離乎血氣心知。〔註15〕

東原指出人之所以會對孺子生命的安危有關切之情,會有救孺子的舉動,並非出於孟子所謂的「惻隱之心」,而是基於人人皆有貪生怕死的本能。東原認為這些本能是人性的自然,應屬「氣稟之性」。換言之,「怵惕惻隱」之心是基於懷生畏死的「欲望」原則來建立的。然則依東原的推論,人人皆懷生畏死,假若於救人的過程中,出現了危及自己生命的因素,那麼又怎樣去盤算考慮呢?若從孟子的立場來看,則救孺子的性命自然是義無反顧。孟子云:

> 生,亦我所欲也;義亦我所欲也;二者不可得兼,舍生而取義者也 。
> 生亦我所欲,所欲有甚於生者,故不為苟得也。死亦我所惡,所惡有甚於死者,故患有所不辟也。如使人之所欲莫甚於生,則凡可以

〔註15〕見《疏證》卷中,〈性〉頁29。

得生者，何不用也？使人之所惡莫甚於死者，則凡可以辟患者，何
不爲也？由是則生而有不用也，由是則可以辟患而有不爲也，是故
所欲有甚於生者，所惡有甚於死者。非獨賢者有是心也，人皆有之，
賢者能勿喪耳。（〈告子上〉11.10）

孟子指出「好生惡死」並不是吾人唯一的價值，此外還有道德上「義與不義」
的問題。所謂「二者不可得兼，舍生而取義者也」表示救孺子性命的行動，
只要是合乎義的原則的話，那麼即使會危及自己的生命，亦在所不辭。換言
之，孟子認爲道德的價值比生存的價值更爲重要。因爲人在「氣稟之性」之
上，更有另一層價值更高的「道德理性」。而吾人救孺子性命就是由「道德理
性」所決定的，爲人人所皆同然。可是在另一方面，依東原的推論，由於「懷
生畏死」的欲望出於吾人的「氣稟之性」；假若救人而危及自己生命的話，則
似乎很難要求不顧自己的安危，而捨身去救別人了。換言之，以「懷生畏死」
作爲說明「惻隱之心」之所以發的原則，實質是欠缺說服力的。而且以「氣
稟之性」作爲道德的原則，根本是屬於個人的私利或幸福的原則，道德由此
建立是全無必然性可言的。人或可選擇救人，或可選擇保全自己，這些抉擇，
每每因人而異，無一定的必然。〔註16〕

　康德在論及道德法則不能從人性之特殊屬性、性癖、性好以及經驗而推
出時，指出：

我們必不允許我們自己去想從人性底特殊屬性中推演出這原則底眞
實性……凡是從人類之特殊的自然的特徵中繹繹出來的，從某種情
感和性癖中繹繹出來的，不，如其可能，甚至從適當於人類理性的
任何特殊傾向，而這特殊傾向不必然在每一理性存有底意志上皆有
效，從此中繹繹出來的，這雖誠可供給我們以格準，但不能供給我
們以法則。〔註17〕

康德的「性癖」是指一種引至「嗜欲某種享受」的先在性向或傾向，而「性
好」則是「習慣性的感性欲望」，相當於「生之謂性」的原則下所了解的性，
以及東原所謂的「氣稟之性」。「生之謂性」或「氣稟之性」所指之性乃中性
義、材質義的；是就個體存在本有的自然特徵而說的性。因爲這種性乃從人
性的特殊構造引伸出來，是感性而非理性的，故此並無絕對的普遍性可言。

〔註16〕 參閱《圓善論》，頁 40～42。
〔註17〕 見康德《道德底形上學之基本原則》，據《牟譯》頁 60。

道德若由此引伸而出，則道德亦會隨人人性好的不同，而有不同的標準，並無必然性可言。是以道德法則必須從仁義禮智的「道德理性」上建立，這才可以成就善的價值。〔註 18〕故此孟子從「道德理性」來建立道德法則，以超拔於「氣稟之性」之上，這樣道德法則才具有普遍性及必然性的保證。

進一步說，由於東原從「氣稟之性」的角度來了解孟子的「本心性善」；因是，他乃把孟子「本性是善」的義理，解釋為「性」之所以為善，是要藉心知對性所發的欲求施以檢察，使其發而有所節制。故此，東原這種詮釋與孟子「本心性善」的主張，亦可說是完全背道而馳的。

故綜合以上的辨析，基於東原認為「性」純屬氣稟之性，是以對孟子之「性」的詮釋並不諦當，由此接續對孟子即心善言性善，性命對揚，惻隱之心之所以發，以及性善的諸種詮釋，都是十分有問題的，而且在重要的關鍵上，亦是大體不恰當的。

第三節　孟子言理義悅心與東原言理義在事

從上文的分析，可知孟子之「心」乃內在的道德本心，「性」則是內在的道德性能，而心與性二者作為吾人道德之所以可能的根據，主觀地說是心，客觀地說是性。進一步說，心與性二者更可主客觀合一，則本心即是性，心性為一。孟子的「心」與「性」既然二者是為一的，然則「理義悅心」所表示的「理」又應當如何了解？

據〈告子上〉「至於心，獨無所同然乎？心之所同然者何也？謂理也，義也。聖人先得我心之所同然耳」來看，則孟子顯然認為「理義」是指道德的理則。那麼，究竟「理」作為道德的理則，它是外在於心，還是內在於心？以下即首先透過孟子「仁內義外」以及「義內義外」的討論，以察看孟子所言之道德律則究竟是「義內」，還是「義外」？其次，孟子之「理」與「心」究竟有什麼關係？「理義悅心」所表示的究竟是什麼性質的「悅」？「理義」究竟是什麼性質的「理」？而且，「理」究竟是在什麼分際上可以說是「心之所同然」？這一連串的問題將會在下文逐一闡明。

首先，孟子「仁內義外」之辨是與告子的辨論，其內容見（〈告子上〉11.4）：

〔註 18〕同上註，見〔英譯注〕，頁 61。

> 告子曰：「食色，性也。仁內也，非外也；義，外也，非內也。」
>
> 孟子曰：「何以謂仁內義外也？」
>
> 曰：「彼長而我長之，非有長於我也，猶彼白而我白之，從其白於外
> 也。故謂之外也。」
>
> 曰：「異於白馬之白也，無以異於白人之白也。不識長馬之長也，無
> 以異於長人之長與 ？且謂長者義乎？長之者義乎？」
>
> 曰：「吾弟則愛之，秦人之弟則不愛也，是以我爲悅者也，故謂之內。
> 長楚人之長，亦長吾之長，是以長爲悅者也。故謂之外也。」

依孟子的看法，仁義乃內在於心的。而告子此處主張仁內義外，似乎對「仁」的看法與孟子無分別，只是對「義」的見解有所不同而已。由此可引出兩問題：

一、告子所言的「仁內」與孟子的「仁內」究竟有無分別？

二、告子主張的「義外」在什麼分際上與孟子的「義內」不同？

就上文孟子與告子的辯論來看，孟子的立論點主要是針對告子的「義外」而發，至於「仁內」的闡述則似乎著墨不多。然則這是否表示孟子認爲告子的「仁內」與自己的主張相同，因而不必辯斥。若據告子所謂「吾弟，則愛之，秦人之弟，則不愛也，是以我爲悅者也，故謂之內」的論據來看，這種對兄弟的愛是由自己主觀所發出的，因此謂之「仁內」似無問題。可是基於告子本身對性的體會是從氣稟上來了解的，故此他這種對兄弟的愛很可能只是一種感性的情感，其中帶有私意。感性的愛只對和自己有關係的人才會去愛，對與己無關的便不會有愛存在。故若祇愛自己的弟弟，而不愛別人的弟弟，其中便無疑有私心存在，應屬感性的愛。

反之，孟子所說的仁愛卻是純粹無私，不帶有半點私心，乃從道德理性所發的。當然「仁」在具體表現時，會有親親仁民愛物的差別；但在本質上，都是無分別的。

楊祖漢先生就孟子與告子所理解的「仁內，」指出兩者的區別：

> 告子主張仁在內，爲人所本有，似與孟子同，但其實他所謂的仁，
> 只是感性的愛。感性的愛，仍是屬於人之生命之自然之質，即是屬
> 於形氣的，並不是孔孟的從道德理性上說仁之義，故告子所謂之仁，
> 並沒有道德的意義。〔註19〕

〔註19〕 見《孟子義理疏解》，頁 34。

析言之，孟子與告子雖然都認同「仁」內，可是大家所理解的在本質上卻有所差異。而由於告子所了解的「仁」是情感上的事，而並非由道德理性所發的；由是，他對「義」的了解亦自然主張是外在的。

從告子的話語，可見他所謂「彼長而我長之，猶彼白而我白之」，乃表示標準從外而定。告子認為我們之所以尊敬年長者，是因為客觀上，他年紀比我們大；這正如我們稱某東西為白，是因為該東西本身客觀上的確是白的一樣。由此可見，告子是將問題「實然」地處理的。另一方面，孟子卻認為對年長者的尊敬，乃由內心自覺而發的，並非由長者年紀比我長這事實決定。對年長者之所以會尊之敬之，是由吾人內在的道德本心，有所覺而後才可能。因此孟子以「長者義乎？長之者義乎？」來反詰告子，就是要強調「義之所以為義」不是在所長的對象上，而是在心存敬意的人心中。換言之，孟子是把這問題「應然」地，視為道德問題處理的。

由於告子從「實然」的角度來了解「義」，義隨客觀事實而定，祇能表示知識上的對錯，而不能建立道德上的應當，這「義」只可以說是外在的，無道德之意義及價值可言。相反，孟子所說的「義內」，乃本心所自發的道德判斷，表現於外而具有客觀的普遍性及必然性，因而是「義內」。

楊祖漢先生分析二者的區別，指出：

> 仁與義，依孔孟的看法，是一體的。從主體的心，從主觀面說，是仁；從表現於外而為客觀的規定，準則而言，便是義。故孟子認為，不只仁是內而非外，義亦是內在於心，為心所自發的。[註20]

除上文告子與孟子的論辯外，關於「義內義外」的討論亦見於以下公都子請益於孟子及孟季子與公都子的對話中：

> 孟季子問公都子曰：「何以謂義內？」曰：「行吾敬，故謂之內也。」「鄉人長於伯兄一歲，則誰敬？」曰：「敬兄。」「酌則誰先？」
> 曰：「先酌鄉人。」「所敬在此，所長在彼；果在外，非由內也。」公都子不能答，以告孟子。
> 孟子曰「『敬叔父乎？敬弟乎？』彼將曰：『敬叔父。』曰：『弟為尸，則誰敬？』彼將曰：『敬弟。』子曰：『惡在其敬叔父也？』彼將曰：『在位故也。』子亦曰：『在位故也。』庸敬在兄，斯須之敬在鄉人。」

〔註20〕同上註，頁37。

> 季子聞之，曰：「敬叔父則敬，敬弟則敬，果在外，非由內也。」
>
> 公都子曰：「冬日則飲湯，夏日則飲水，然則飲食亦在外也？」（〈告子上〉11.5）

公都子原初是主張「義內」的，他謂「行吾敬，故謂之內也」，即表示敬長之心是由內發，是由自己決定的。至於孟季子則認為「義」是從於外的，他的論據是平日敬兄，但斟酒時卻要先敬鄉人。兩種情境，基於不同情況，要以不同的態度來對待兄長，可見「義」是外在的。對於這問難，公都子不能回應孟季子的提問，乃請教於孟子。

孟子指出對兄長態度之所以有不同，是「在位」的原故。這道理正如叔父雖比弟弟年長，但當弟弟居於尸位，便要先敬弟了。換言之，孟子所強調的是「敬」乃是由吾人內在的道德本心所發；但向外踐現時，每每因客觀的特殊情境，而有不同的表現。故孟子謂「庸敬在兄，斯須之敬在鄉人」，正是要說明這種因「在位」之故，隨之而有不同表現的「敬」，實則仍是發自內心的，並非由外在環境決定。

然而孟季子始終不了悟個中道理，以為敬叔父及敬弟弟之所以有差異，是隨環境對象不同而轉變。故此認為「敬」並非由內心所自主，而是受外在客觀情境所規範，因而主張「義外」。最後，公都子借冬日飲湯，夏日飲水作譬以證明「義內」，實則亦是不恰當的。因為人的飲食嗜欲是受感性影響的，無必然性可言，故此用飲食嗜欲來與道德實踐對比，是欠缺充足論據的。蔡仁厚先生指出要辨明孟子「義內義外」的義蘊，必須從以下三方面來了解：

一、愛敬內發 …… 愛（仁）敬（義）皆發自內心，並非由於外鑠。

二、能所之判 …… 所敬之人在外，能敬之心在內。仁與義（愛與敬）皆是「能」，而不是「所」，故仁義內在。

三、實然與應然 …… 實然是「是什麼」的問題，應然是「應當如何」的問題。對實然之事，只能成立知識上對錯之判斷，而不能成立道德上應當不應當之判斷。而「義」乃事理之宜，屬於道德上的應然判斷（決定行為是否合理，應事是否合宜）；故「義」不在作為行為對象的事物本身，而在於人對外在事物處置之合理合宜上。〔註21〕

〔註21〕見《孔孟荀哲學》，頁216。

據上文的辨析，事實上孟子「仁義內在」的內容是完全涵蓋上述三點的，故此孟子對「仁義內在」的主張是堅定不移的。既然孟子認為仁義內在於心，是人之性分所本有的。換言之，道德的理則亦應是內在於人心中，順此則「理義悅我心」之「理」作為道德理則，亦當然是內在於心的。

與此相反，東原在《疏證》中對孟子「理義悅心」的詮釋，卻認為其中的「理」是「事物之理」，「心」與「理」為二，理義是心之所對，因此「理」乃外在於心。而且，「理」之所以外在於「心」，乃基於「理」並非由本心所發，而是由心知對事物和事情，施以條分縷析，微鑑密察而得出的規律。於是，「理」不再是個人隨意所發的意見，而是事物和事情的規律，具有客觀的必然性。東原就是抱持這看法，認定「理」可以說是「心之所同然」。然則，究竟東原這詮釋是否忠於孟子的原義？從上文「仁內義外」以及「義內義外」的討論所知，孟子的「理」乃內在於心的，與東原的理解截然不同。換言之，東原的詮釋顯然是有問題的。

再次，「理」既然內在於心，那麼孟子的「理」究竟在什麼分際上，可以說是人心之所同然？而且，在這個問題上，東原對孟子的理解又是否有問題呢？

據孟子即「心善而言性善」及「仁義內在」的義理主張來看，道德本心為人人所本具。而由本心所發的道德行為，乃人人皆所同，具有必然普遍性的。故吾敬兄，人亦應敬其兄；吾孝父，人亦應孝其父，這個道理是無可懷疑，具有必然的普遍性。這種普遍性並不會因為有人不依從道德本心行事便因而動搖。孟子這種道德的普遍性，正可與康德主張道德法則作為「定言律令」所具有的普遍性作一對比。依康德，定言律令就是：

> 你應當只依那種格準，即由之你能同時意願「它必應成為一普遍法
> 則」這樣的格準，而行動。〔註22〕

定言律令作為道德的律令，適用於任何人，是普遍和必然的。這即表示自己依定然律令這格準而實踐的一切行動，乃任何人都應當遵從的。換言之，只要自己是依從道德法則而行其所當行；則不論任何人，易地而處，若然他亦是順道德法則而行的話，亦會作出同樣的行動。故此「理」就是在上述這種必然的普遍性上，可以說是「心之所同然」。進一步說，孟子所說的乃是道德上的必然，而「心之所同然」亦是道德意義的。反之，東原所理解的「心之

〔註22〕見康德《道德底形上學之基本原則》，據《牟譯》頁54。

所同然」乃是知識意義的，因此他對孟子的了解是不大妥當的。

復次，由於孟子主張「仁義內在」，而道德本心是吾人內在的道德主體。故此由本心所發的道德行為乃由本心自定、自決的，並非由外在強迫所致的。這正是孟子所謂「非外鑠我也，我固有之也」的意思。換句話說，孟子的本心是能夠自我決定，自我供給道德法則的道德意志。至於由道德本心所自發及自定的「理」，它作為「道德法則」可以說是「自律的」。康德在論及「定言律令」的第三個程式時，指出道德法則乃由道德主體自定的，而道德法則就是在這個意思上說是「自律」的。康德對此有這樣的說明：

> 意志底自律就是意志底那種特性，即因著這種特性，意志對于其自身就是一法則（獨立不依于決定底對象之任何特性而對于其自身就是一法則）。〔註23〕

意志的自律就是意志為自我立法的意思，即表示道德的法則乃由吾人內在的道德主體，所自我訂立，自定方向的。牟宗三先生指出作為「心之所同然」的「理」，從其由內在的道德主體所供給，所自定來看，就是康德所說的意志的自律。牟先生說：

> 純理性的心，而其所肯定的理義亦不由外至，而是自內出，即此超越的義理之心所自發者……此即康德所說的意志之自律性，立法性……依孟子，說自律（立法法性）即從「心」說，意志即是心之本質的作用，心之自律即是心之自由。〔註24〕

從以意志自律作為基本道德原則來看，康德對道德的看法與孟子可說是若合符節，義理綱脈大體與孟子相同。相反，東原認為「理」並非由「心」所自主、自定，而要通過心知對事物和事情，施以條分縷析而得出。換言之，東原的道德理則是「他律」的，是由外在所供給，因是東原對孟子的自律道德可說是全無體會，理解亦是全不相應的。再者，東原的道德推論由於缺乏一道德的本心作為內在的主體根據，祇能求之於一客觀、外在，由認知心分析所得的「條理」作為道德的標準。這種形態可說是以知識指導道德，與孟子由道德本心所發，自主自定，直順而行之的道德形態自然有所不同。

最後，關於孟子「理義悅我心」的義蘊，可再就孟子言「理義悅心」與康德言對「法則的尊敬」作一比對，一方面既可藉此展示兩者的分別，另一

〔註23〕同上註，頁85。
〔註24〕同《圓善論》，頁30。

方面亦可進一步闡明孟子「理義悅我心」的義蘊。

　　首先康德於論及「義務」時，指出「義務」若要合符道德的要求，必須去掉所有個人的私欲和目的，方可算是眞正的道德行爲。而「義務」亦須符合下列三個道德命題：

　　　一、要想有道德價值，一個行動必須是從義務而作成。

　　　二、一由義務而作成的行動並不是從那「爲它所要達到」的目的而引生出它的道德價值，但只是從那「它由之以被決定」的格準引生出它的道德價值，因此，它並不依靠於這行動底對象（目的）之實現，但只依靠於那「行動所由之而發生（而作成）」的「決意之原則」，而不顧及欲望底任何對象。

　　　三、義務是「從尊敬法則而行」的行動之必然性。〔註25〕

上述這三個原則，其中第三個指出義務之所以爲義務是必須「尊敬法則」，與及依從法則而行，這與孟子「理義悅我心」的義理正可作一比較。康德認爲人作爲一理性的存有，無疑是具有依照道德法則而實踐的能力。然而人亦復是感性的存在，每每受感性的性好左右，以致有違反道德法則而行的情況出現。又或即使他的行爲能依從道德法則，但在背後實在是因個人的私利，而非無條件地純爲善之故而行。若是如此，則道德法則對人便應有強責的作用。縱使不願意，亦要擺脫一切個人的性好欲望，純粹爲義務之故而行。故此從法則方面說，對人有強責的意味；就人的方面說，人則應該尊敬法則。而人由於尊敬法則，義務才具有必然性。對於「尊敬」，康德繼而有這樣的說明：

　　　尊敬是一種感情，它卻決不是經由任何〔外部〕影響而接受得的一種情感，乃是因一理性的概念而來的「自我作成」的情感，因此它特別與前一類涉及性好或懼怕的一切情感截然不同。凡我所直接認爲對我，自己爲一法則者，我即以尊敬之意視之。……尊敬底對象只是法則，而這法則乃即是我們置定之于我們自己身上者，但我們卻猶視之爲在其自身即是必然的者。〔註26〕

從這段話可以看出由於康德認爲人能被感性的性好影響，所以道德法則必須具有強責性，人即使不能自覺依從，亦必得去尊敬這法則。並且因尊敬這法則，而使自己的行爲具有道德的必然性。所以在康德的系統中，人和道德法

〔註25〕　見康德《道德底形上學之基本原則》據《牟譯》頁 24～25。
〔註26〕　同上註，據《牟譯》，頁 27，康德自註語。

則之間只能言「敬畏」，而不能說「悅」。反之，在孟子的系統中，由於人具
有仁義禮智的道德本心，人具有自我立法，自定法則的能力，情況便不一樣
了。

　　楊祖漢先生就「敬畏」與「悅」之對比，有以下的闡釋：

　　　吾人亦可謂人對道德法則之尊敬之情亦是一種人生而有的「本情」，
　　　當然此情由理性而發的，而不是由感性而發的。人可同時尊敬道德法
　　　則，同時亦喜好它，悅樂它，而若遵從道德法則，便會產生莫大的快
　　　樂。故人之遵從道德法則，不獨只因是尊敬它，復亦是喜悅它，雖顯
　　　強制之相，但在真正的內心中，實是最願意的。若是，尊敬不只是道
　　　德法則影響于主體的結果，亦是主體自動地去遵行道德法則的原因，
　　　不獨是畏敬，亦復是喜悅，其實本是道德心之自畏自敬，自喜自悅，
　　　此正如孟子所云：「理義之悅我心，猶芻豢之悅我口」〔註27〕

楊先生所說的人生而有的「本情」，就是孟子的道德本心；但康德卻不承認人
具有這種本心，而只就人的「習心」說。是以康德對法則只能言「尊敬」，而
不能言「悅」。〔註28〕對於康德與孟子在這問題上的分別，以及「心悅理義」
的實義，牟宗三先生的論釋就更為詳盡：

　　　依孟子學，道德的必然性是性分之不容已，此不容已不是強制，是
　　　從「本心即性」之本身說，不是關聯著我們的習心說，「由仁義行」
　　　之為義務亦是如此。自願、悅，是這本心之悅，不是感性的喜愛或
　　　性好之傾向。心悅理義，心即理義，此心與理義（道德法則）為必
　　　然地一致。一說法則不函恐懼或違犯法則之顧慮。如康德所說，那
　　　是關聯著習心說，因為感性的習心不必願服從此法則。但就本心即
　　　理說，則不如此。本心即理亦非即不戒懼，但此時之戒懼上升而自
　　　本心說，轉為即戒懼即自然，即惺惺即寂寂，勿忘勿助長，亦自然
　　　亦戒懼，此即是從本心上（從本體上）說的敬。……在人之本心是
　　　如此，在道體亦是如此。此即是我們的性，因而也就是性體之神聖
　　　性，意志之神聖性。此時之法則亦命令亦非命令。命令是性分之不
　　　容已之自命自令，「非命令」意即此本心之自願如此，自然流行，所

────────────

〔註27〕見楊祖漢著：《儒學與康德的道德哲學》頁 19。
〔註28〕關於康德與孟子言「法則」的尊敬及欣悅，參閱李明輝先生《儒家與自律道
　　　　德》，本文刊於《鵝湖學誌》，第一期，頁 1～32。

謂「堯舜性之」，此即「心即理」之義。康德不承認此義。因爲他一說法則即是關聯著我們的習心之意說，但是他亦說意志之自律。意志之自律即是全意是理。它既是自律，此意志本身不函有可從可不從此理之或然性。如果有此或然性，其自律亦不必然，那就根本不會有自律之意志。今既有自律之意志，則必即立此理，即從此理，不，即是此理，不但如此，而且必悦此理，不得有不悦之可能。但是康德既不在此自律之意志上說它是本心，而只把它看成是理性，又把這只是理性的自律意志（自由意志）看成是必然的預設，設準，而無智的直覺以朗現之，如是，它不但不是我們的性，而且有不有亦不能定知，只是分解的必然上的一個預設：如是，一說自律所律的法則，便只關聯著我們的習心底作意說，好像我們的意志即是這感性層上習心的意志（所謂人心），而那個自律的意志擺在那裏忘記了，好像與我們完全無關似的，好像完全無用似的，而只是當作純粹的實踐理性以擺在一切有限存有之上而命令著我們，使我們對之生敬心。彼千言萬話只環繞此中心而說。若知意志自律即是本心，則其爲朗現而非只爲一預設，乃是必然的。如是，不但它必然地與理一致，而且它本身即是理，這神聖也是必然的。如是，進而視之爲我們的性，這也是必然的。此即孟子學之所至。康德未能至此。

〔註29〕

據上文牟先生的詳細辨析，可見孟子「理義悦我心」之「理」就是由內在本心自律、自發的道德法則。而基於孟子認爲吾人內在的本心是一個道德的創造性能，因此本心不獨可自立，自定道德法則，亦可說欣悦道德法則。至於康德由於始終不承認人具有道德的本心，只視理性的意志爲必然的設準，認爲人只有經驗的習心，他的法則於是對人便只能言強責，而不能言欣悦。故綜結而論，孟子「理義悦我心」之「理」就是指內在的道德法則。在此，心悦此理，心亦即是此理，心與理爲必然地一致。

　　依此，東原以事物之「分理」與「認知心」相對爲二來詮釋「理義悦我心」，可說乃完全不諦當。其次，東原認爲「心悦理義」與耳目之於聲色之欲，同屬吾人的氣稟之性使然，這「悦」乃從氣稟之性所發，只是一種感性的喜

好，並無必然性可言。反之，孟子所說的道德理則由於乃從「道德本心」所自決自定的，具有必然的普遍性，於是心對理所發的「悅」乃自然是喜悅和悅樂的。而且對道德法則的「悅」乃發自道德本心，因是亦具有必然的普遍性，為人人所同。

東原本意是透過對孟子的疏解，為「理」作一重新的詮釋，並希望藉以為根據，進而批評及質疑朱子所言之「理」。然而就上文對孟子本身義理系統的闡述來看，可見東原對孟子義理的了解在很多地方都是不相應的，甚者更有完全曲解的。然則，東原據此是否能否定朱子對孟子的詮釋，實在頗成疑問。要回答此問題，必得先對朱子所言之「理」有一客觀的了解。復次，究竟朱子對孟子之思想有何傳承關係，對孟子義理之了解是否相應，亦有必要澄清。進一步說，東原對孟子的理解固然並不諦當，可是朱子對孟子的理解又是否相應呢？這些問題的澄清不單有助於客觀評定東原批評朱子之得失，更有助於對朱子之思想有確切的理解及說明。此一步的工作將於下章展開。

第七章　從朱子對孟子的了解檢討東原的批評

第一節　朱子對孟子的了解

　　在《疏證》書中，東原批評朱子之「理」，是以孟子的義理為根據。然而從上章的辨析，發現東原根本是以自己的思想來詮釋孟子，以致對孟子的了解大體都是不相應的。由是，東原對朱子的批評是否言之成理，持之有故，亦頗成問題。至於東原對朱子的批評，主要是針對「理欲問題」及「理氣問題」而發，其言辭語調亦相當尖銳。是以本章旨在一方面透過闡述朱子對孟子的了解，以顯示朱子與東原理解孟子思想的差異，一方嘗試以朱子的思想回應東原的批評，從而進一步檢討東原批評朱子的得失。

　　在宋代理學中，朱子的學說可謂集宋儒的大成，系統龐大，思想精微。而且朱子從求學於李延平開始，以「中和」問題作為學問的入手，再經「中和新說」及「仁說」的討論，最後始醞釀成熟，其中的發展亦不可謂不曲折。〔註1〕在朱子的哲學系統中，「理」是超越的形上道體，既是天地萬物的根源，亦是道德行為的規範。然而要恰當體會朱子的「理」，卻不得不對朱子所說的心、性、情先有明晰的了解。由於東原在《疏證》中的基本立場是據孟子以反對朱子，故以下即先行闡述朱子對孟子的了解，藉此以說明朱子和孟子在

〔註1〕關於朱子思想的分期與轉進，參閱《心體與性體》，第三冊。

義理傳承上的關係，亦可比對朱子和東原對孟子理解的差異。

朱子對孟子的詮釋，主要是根據《中和說》未發已發之義理與《仁說》中「仁性愛情」、「仁是心之德愛之理」之方式所表示之性、情對言與心、性、情三分的格局來解析孟子。〔註2〕依孟子的思想，在四端之心中，惻隱之心是仁之端；羞惡之心是義之端；恭敬之心是禮之端；是非之心是智之端。此四端是道德本心活動的四種基本形態，亦可說是一體的四面。而且仁義內在，性由心顯，心與性都是內在的道德主體。其次，道德主體主觀地說是心，客觀地說是性。心可以說是性的主觀義，而性則是心的客觀義，二者主客觀合一，則本心與本性為一。而就道德主體的本質來說，則惻隱之心就是仁；就發用來看，則惻隱之心也就是仁之端，「仁」與「仁之端」二者並無兩層的分別。但朱子的理解卻並非如此，他說：

> 惻隱、羞惡、辭讓、是非，情也。仁、義、禮、智、性也。心，統性情者也。端，緒也。因其情之發，而性之本然可得而見，猶有物在中而緒見於外也。〔註3〕

> 惻隱、羞惡，是仁義之端。惻隱自是情，仁自是性，性即是這道理。仁本難說，中間卻是愛之理，發出來方有惻隱；義卻是羞惡之理，發出來方有羞惡；禮卻是辭遜之理，發出來方有辭遜；智卻是是非之理，發出來方有是非。仁義禮智，是未發底道理，惻隱、辭遜、是非，是已發底端倪。如桃仁、杏仁是仁，到得萌芽，卻是惻隱。

〔註4〕

綜合上述兩說，朱子把孟子「心性合一」的道德主體分解成三層：首先惻隱之心是仁之端，「端，緒也」意謂惻隱之心不能即是仁，而只是仁所發的端倪。因此，惻隱之心應屬於「情」，是已發的端緒；而仁則屬於「性」，是未發底道理。至於其餘羞惡、辭讓、是非三者亦然。於是惻隱、羞惡、辭讓、是非此四端均屬於「情」，是「形下之氣」的一層；而仁、義、禮、智則屬於「性」，是「形上之理」的一層。至於「心」雖則是統性情，但由於與「理」並非為一，於是亦只是實然的心氣之心，而並非孟子的道德本心。對於這個心、性、情三分的格局，朱子在晚年更有這樣的說法：

〔註2〕見《心體與性體》，第三冊，頁409。
〔註3〕見朱熹撰《四書章句集註》，〈孟子集註〉卷三，頁238。
〔註4〕見《朱子語類》，黎靖德編，卷五十二，頁1287。

然四端之未發也，所謂渾然全體，無聲臭之可言，無形象之可見，何以知其粲然有條如此？此蓋是理之可驗乃依然就他發處驗得。凡物必有本根。性之理雖無形，而端的之發最可驗。故由其惻隱，所以必知其有仁；由其羞惡，所以必知其有義；由其恭敬，所以必知其有禮；由其是非，所以必知其有智。使其本無是理于內，則何以知有是端于外？由其有是端于外，所以必知有是理于內，而不可誣也。故孟子言：「乃若其情則可以為善矣，乃所謂善也」。是則孟子之言性善，蓋亦溯其情而逆知之耳。〔註5〕

此處朱子指出「性」是未發，無形迹可見，而「情」則是已發，呈現為惻隱、羞惡、恭敬、是非此四端，故此「性」乃可於「情」處回溯而逆知，是以朱子乃有「理之可驗乃依然就他發處驗得」的說法。進一步說，由於朱子認為性是未發，情是已發，於是對孟子「乃若其情則可以為善矣，乃所謂善也。若夫為不善，非才之罪也」一章乃有以下的詮釋

「乃若其情，則可以為善」。性無定形，不可言。孟子亦說「天下之言性者，則故而已矣」。情者，性之所發。〔註6〕

問「乃若其情」。曰：「性不可說，情卻可說。所以告子問性，孟子卻答他情。蓋謂情可為善，則性無有不善。所謂『四端』者，皆情也。仁是性，惻隱是情。惻隱是仁發出來底端芽，如一箇穀種相似，穀之生是性，發為萌芽是情。所謂性，只是那仁義禮智四者而已，四件無不善，發出來則有不善。〔註7〕

所謂「性無定形，不可言」，朱子認為「性」本身是至善純一，無形象，無聲臭，非卓然可見的事物，故不可說。可是由性發出來的「情」都是屬於氣上的事物，因而可說。換言之，朱子認為情是性之發，但性不可說而情可說，故此論性只能以情為根據。其次，由於性屬「理」，而情屬「氣」；於是，性全善而情則有善有不善。是以性與情可以說是「然」與「所以然」異層之對。然而，原初孟子的義理並無這種分疏，性與情並非異質的兩層。牟宗三先生於檢討朱子對孟子的理解中，指出孟子的「情」應該這樣了解：

孟子並非以仁義禮智等為性，以惻隱羞惡恭敬是非之心為情

〔註5〕　見〈答陳器之書〉，文據《朱子大全》第七冊，卷五十八，頁21～22。
〔註6〕　見《語類》卷五十九，頁1380。
〔註7〕　同註上。

者。……「乃若其情」之情非性情對言之情。情，實也，猶言實情。「其」字指性言，或指人之本性言。「其情」即性體之實，或人之本性之質。……「乃若其情則可以為善」云云，意即：乃若就「人之本性之實」言，則他可以為善（行善作善），此即吾所謂性善也。……情是實情之情，是虛位字，其所指之實即是心性。實情即是心性之實情。……「乃若其情」之情是亦此虛說的情，非情感之情也。故情字無獨立的意義，亦非一獨立的概念。孟子無此獨立意義的「情」字。〔註8〕

據牟先生的辨析，可見依孟子的本意，性情不可二分，「情」實則就是性體之實，或人之本性之實的意思。因此朱子以性情二分的觀點來詮釋孟子，根本是以他自己的思想來了解孟子，在義理上是不甚適切的。再者，朱子除卻把「情」解釋為依性而發，以及與性為異層的相對，因而與孟子的本義有所歧出外，他對「才」的詮釋與孟子的本義亦不盡相同。朱子說：

才猶才質，人之能也。人有是性，則有是才，性既善則才亦善。〔註9〕

才只一般能為之謂才。〔註10〕

才是能去恁地做底。〔註11〕

才是能主張運用做事底。同這一事，有一人會發揮得，有不會發揮得。同這一物，有人會做得，有人不會做。此可見其才。〔註12〕

綜合上述幾點，朱子對「才」的理解顯然是著重從「才能」方面來了解，而「才能」就是所謂一般的做事能力。換言之，「才」是一個獨立的概念。復次，朱子對「才」的理解亦結合了伊川的觀點在內。朱子云：

問孟、程所論才同異。曰：「才只一般能為之謂才。」問：「《集註》說《孟子》專指其出於性者言之，程子兼指其稟於氣者言之，又是如何？」曰：「固是。要之，才只是一箇才，才之初，亦無不善。緣他氣稟有善惡，故其才亦有善惡。孟子自其同者言之，故以為出於

〔註 8〕見《心體與性體》第三冊，頁416～418。
〔註 9〕同註三，〈孟子集註〉卷十一，頁328。
〔註10〕見《語類》卷五十九，頁1383。
〔註11〕同上註，卷五十九，頁1382。
〔註12〕同上註，卷五十九，頁1387。

性；程子自其異者言之，故以爲稟於氣。大抵孟子多是專以性言，
故以爲性善，才亦無不善。到周子、程子、張子方始說到氣上，要
之，須兼是二者言之方備。〔註13〕

朱子指出「才」既可就性說，亦可就氣稟說。就性說，「才」無有不善；但就
氣稟說的話，則「才」有善有不善。孟子從性上說才，故此認爲才是善的。
而伊川則從氣稟上說，於是才乃有善惡的不同表現。朱子接受伊川的說法，
乃認爲論「才」必須顧及性與氣稟兩面方算完備，因而指出孟子的說法並不
周全。牟宗三先生在檢討朱子對孟子的詮釋中，指出孟子的「才」與朱子的
了解並不相同。牟先生說：

「才」是才質、質地之意，即指「性」言。有此性，即有此質地。……
它既指性說，它當然不是材料之材質，乃是本心即理之形式的質地。
孟子說此「才」字猶不只是靜態的質地義，且有動態的「能」義（活
動義）。但此「能」又不是一般意義的「才能」之能。它即是「性之
能」。故此才字，其實義是動靜合一的。它首先呈現于吾人眼前的是
質地義，猶言底子，人是有這底子的，即指性說，即以性爲質地，
爲底子。「能」是緊指性體之實自身之自然而不容已地向善爲善之能
言。〔註14〕

依牟先生的分疏，朱子對孟子「才」的理解亦是不盡諦當的，其中關鍵主要
在於朱子視「才」爲一獨立的概念，而未能將它扣緊「性」來理解。孟子本
身的「才」實質乃是指「性」而言的，與性並無不同。故此經上文的分疏，
可見依孟子的原義，心、性、情、才實質是同一的。性是形式地說的實位字，
心是具體地說的實位字，至於情與才則純粹是虛位字。其中「心」是道德的
仁義本心；「性」是道德的創生實體，心與性合一；「情」是情實之情，亦即
心性的實情；至於「才」一方面指性的質地、材質，另一方面亦具有爲善之
能的意思，亦即性體本身向善的本能，其實義亦指心性而言，並非一個獨立
的概念。〔註15〕至此，可見朱子把孟子「本心即性」的義理架構，分解爲心、
性、情三分的格局，其中只有性屬於理，其餘心、情、才都屬於氣，與孟子
心、性、情，才爲一的系統全然相異。

〔註13〕同上註，卷五十九，頁 1383。
〔註14〕見《心體與性體》第三冊，頁 417。
〔註15〕同上註，頁 417。

復次，由於東原批評朱子之「理」的基本論據是在於孟子「心之所同然者，理也義也」；然則，朱子對於孟子的「理」又有怎樣的詮釋？

> 黃先之問：「心之所同然者何也？謂理也，義也。聖人先得我心之所然耳。」先生問：「諸公且道是如何？」所應皆不切。先生曰：「若恁地看文字，某決定道都不會將身去體看。孟子這一段前面說許多，只是引喻理義是人所同有。那許多既都相似，這箇如何會不相似。
> 理，只是事物當然底道理；義，是事之合宜處。〔註16〕

依孟子的意思，「心之所同然之理」是由心所自主自定的道德法則，心理為一。然而朱子由於以心性情三分的模式來了解孟子，因是理只能為作為心的所對，與心不能為一。於是他亦順而把孟子之「理」解釋為事物當然底道理，或事物之所以然之理，故此與孟子的本義乃有所出入。

原初東原是希望以孟子的義理作為根據，藉以批評朱子。豈料東原自身根本對孟子的了解並不諦當，於是在客觀義理上，對朱子的批評亦難以有充份的理據。而事實上，經上文的闡釋，可知不獨東原對孟子的理解不相應；朱子對孟子的了解亦不相應，而且兩者對孟子的了解亦不盡相同。換句話說，他們是各自以自己的思想來解釋孟子，因而各自形成自家的義理系統。此中，朱子是一個形態，東原又是另一個形態。故此，要檢討東原對朱子的批評是否恰當，本文當以朱子的系統本身，來回應東原的批評，藉以比對二者思想的異同。

第二節　朱子與東原言心性情的比對

朱子心、性、情三分的格局，雖然並不合於孟子的原義。然而，朱子以這個義理間架為基礎，對心、性、情的分解卻是自成一個系統。故此以下即就性、情、心三者的關係對朱子的看法詳加闡釋，並與東原的看法作一比對。

首先，有關朱子對「性」的了解，先看看他如何解釋《中庸》「天命之謂性」一句，朱子這樣說：

> 性，即理也。天以陰陽五行化生萬物，氣以成形，而理亦賦焉，猶命令也。於是人物之生，因各得其所賦之理，以為健順五常之德，所謂性也。〔註17〕

〔註16〕見《語類》卷五十九，頁 1390～1391。
〔註17〕同註三，〈中庸集註〉第一章，頁 17。

朱子指出天所命於人，人所得於天的理，就是人的「性」。換言之，「性」是「天理」內在化的結果。是以他再補充說：

> 性者，人物之所以稟受乎天也。……自其理而言之，則天以是理命乎人物謂之命，而人物受是理於天謂之性」。〔註18〕

在此，朱子認為「性」是源於天之所命。所謂「維天之命，於穆不已」，天命流行到個體身上，便形成個體之性。這個性並不是指個體的特殊個別之性，而是與別人有以相同的普遍之性。而朱子以伊川「性即理」的觀點為基準，繼而對性與理的關係，再提出以下的看法：

> 伊川「性即理也」四字，顛撲不破，實自己上見得出來。〔註19〕

> 伊川說話，如今看來，中間寧無小小不同？只是大綱統體說得極善。如「性即理也」一語，直自孔子後，惟是伊川說得盡。這一句便是千萬世說性之根基。〔註20〕

就上述兩點，可見朱子以伊川「性即理」的看法為圭臬，認為性、理二者為一，「性」就是「理」。此外，他在《語類》中，對「性」、「理」的關係再有如下的說明：

> 性即理也。在心喚做性，在事喚做理。〔註21〕

> 性則純是善底。〔註22〕

> 性者，心之理。情者，性之動。〔註23〕

綜合這幾說，可見朱子認為「性」只是理，它既不是「心」，亦不是「情」。因為心與情皆屬於「氣」，而性則是屬於「理」的。其次由於「性即理」，理本身沒有氣的夾雜，因此性乃純然是善的。更且由於「性」只是一「但理」，與心分而為二，於是它只是理，是形上的實有，但本身卻不能活動，只能作為心氣的標準。

其次，朱子對「情」的了解，首先可從他論「仁」、「性」以及「愛」的關係中見出，朱子云：：

> 蓋仁，性也，性只是理而已。愛是情，情則發於用。性者，指其未

〔註18〕見〈答鄭子上〉，文據《朱子大全》第七冊，卷五十九，頁34～35。
〔註19〕見《語類》卷五十九，頁1387。
〔註20〕同上註，卷九十三，頁2360。
〔註21〕同上註，卷五，頁82。
〔註22〕同上註，卷五，頁83。
〔註23〕同上註，卷五，頁89。

發，故曰：「仁者愛之者」。情即已發，故曰：「愛者仁之用」。〔註24〕

仁是愛之理，愛是仁之用。未發時，只喚做仁，仁卻無形影；既發後，方喚做愛，愛卻有形影。……四端者，端如萌芽相似，惻隱方是從仁裏面出來底端。程子曰：「因其惻隱，知其有仁。」因其外面發出來底，便知是性在裏面。〔註25〕

愛是惻隱，惻隱是情，其理則謂之仁。〔註26〕

這裏朱子指出仁是性，亦是理，是未發的。至於愛則是情，爲仁之用，是已發的。換言之，仁與性均屬「理」，情則屬於「氣」。朱子對「情」的這種觀點和他對「性」之看法是一脈相承的。因爲朱子認爲「性」是未發，無形可見，並非卓然可見的事物。於是要把握「性」只能從其已發處，或發用處，亦即「情」處回溯，方可復見其性。故朱子對性情的關係再有以下的說明：

有這性，便發出這情；因這情，便見得這性。因今日有這情，便見得本來有這性。〔註27〕

性不可言。所以言善者，只看他惻隱、辭遜四端之善，則可以見其性之善。如見水流之清，則知源頭必清矣。四端、情也。性則理也。發者、情也，其本則性也。如見影知形之意。〔註28〕

所謂「如見水流之清，則知源頭必清矣」以及「因這情，便見得這性」，可知朱子之所以重視「情」的作用，乃是因爲「性」於「情」處顯，而「性」之發用乃顯爲形下之「情」的。而進一步說，由於「情」是實然和形下的，於是在已發之後，乃有善不善的問題出現。合於「理」者便是善；反之，不合於「理」的就是惡。朱子云：

性纔發便是情。情有善惡，性則全善。〔註29〕

由於朱子所了解的「性」只是一形上的但理，本身並不能活動。至於「情」作爲「性」之所發，在氣中滾蕩，亦不一定能合於純善的理，而有所歧出，必須施以宰制。然而「性」自身並不能有所行爲活動，於是對「情」施以節制的工作，便由「心」來承擔。是以在朱子的系統中，「心」可以說是連貫「性」

〔註24〕同上註，卷二十，頁 464。
〔註25〕同上註，頁 465。
〔註26〕同上註。
〔註27〕同上註，卷五，頁 89。
〔註28〕同上註。
〔註29〕同上註，頁 90。

與「情」的中介。而對於「心」，朱子首先就強調它的主宰作用：

> 心是神明之舍，爲一身之主宰。〔註30〕

> 心，主宰之謂也。動靜皆主宰，非是靜時無所用，及至動時方有主宰也。言主宰，則混然體統自在其中。〔註31〕

> 問：知如何宰物？曰：無所知覺，則不足以宰制萬物，要宰制他，也須是知覺。〔註32〕

這裏，「心」作爲一身之主宰，就是指吾人的思想、行爲、動靜，以至情感，都受到心的支配。而心之所以能具有主宰的作用，主要是因爲心具有知覺的能力。朱子指出心之所以具有知覺的能力，主要是基於心是氣之精爽。換言之，心實質也就是氣之神明或靈明。他云：

> 心者氣之精爽〔註33〕

> 問：靈處是心，抑是性？曰：靈處只是心，不是性。性只是理。
> 〔註34〕

> 所覺者，心之理也；能覺者，氣之靈也。〔註35〕

此處「精爽」就是神明的意思，意謂「心」作爲氣之精爽，可以顯示心的靈明之用。而心的靈明就是知覺或認知的能力，故此心作爲氣之靈應屬實然的，形下的。再者，「靈處只是心，不是性，性只是理」正表示「心」具有知覺的能力；而「性」則只是「理」，不能活動。於是「心」與「性」乃形成這樣的一種關係：

> 心以性爲體，心將性做餡子模樣。蓋心之所以具是理者，是有性故也。〔註36〕

> 性便是心之所有之理，心便是理之所會之地。〔註37〕

> 蓋道無形體，只性便是道之形體。然若無箇心，卻將性在甚處！須

〔註30〕同上註，卷九十八，頁 2514。
〔註31〕同上註，卷五，頁 94。
〔註32〕同上註，卷十七，頁 382。
〔註33〕同上註，卷五，頁 85。
〔註34〕同上註。
〔註35〕同上註。
〔註36〕同上註，頁 89。
〔註37〕同上註，頁 88。

是有箇心，便收拾得這性，發用出來。〔註38〕

朱子指出由於「心」具有知覺的能力，因此吾人乃可以「心」的知覺來覺「理」。換言之，「理」具於「心」，於是朱子乃有「心便是理之所會之地」以及「然若無箇心，卻將性在甚處」的看法。進一步說，由於「理」不能活動，而「理」可具於「心」，於是情之所以能自性中發，乃必須通過心的作用，從心上發動出來。出是「心」乃可宰制「情」，使情能循於理，這就是朱子所謂「心統性情」的作用。朱子云：

> 橫渠說得最好，言：「心，統性情者也。」……性無不善；心所發爲情，或有不善。說不善非是心，亦不得。卻是心之本體本無不善；其流爲不善者，情之遷於物而然也。〔註39〕

> 性是未動，情是已動，心包得已動未動。蓋心之未動則爲性，已動則爲情。所謂「心統性情」也。欲是情發出來底。心如水，性猶水之靜，情則水之流，欲則水之波瀾。〔註40〕

> 心者主乎性而行乎情，故「喜怒哀樂未發謂之中，發而皆中節則謂之和」，心是做工夫處。〔註41〕

> 性對情言，心對性情言。合如此是性，動處是情，主宰是心。〔註42〕

所謂「心統性情」就是指形上之「性」，可通過「心」之靈明的作用，宰御實然的「情」，以使喜怒哀樂之情能發而中節，合於本然之「理」。故此道德實踐的工夫乃落實在心上。因此性與心分而爲二，性只是心之理。而性本身無所謂動，動的是情，而情的動則依性而動。至於「心者主乎性而行乎情」並非表示「心」是「性」的主人，主是縮攝的意義，表示性是通過心的認知作用而統攝於心，因此「理具於心」並非內具，而只是認知地具；至於「行乎情」意謂心能統制情，而使情敷施發用。

至此，可見朱子心、性、情三分的義理架構，與孟子「本心性善」的主張並不相同；反之，與東原的看法卻似乎頗有相近之處。首先東原認爲「心」是血氣之精爽，是知性層的認知心，而心的功用是能知、能區別、能精察。

〔註38〕同上註，卷四，頁64。
〔註39〕同上註，卷五，頁92。
〔註40〕同上註，頁93。
〔註41〕同上註，頁94。
〔註42〕同上註，頁89。

因此，他對「心」的看法與朱子的了解實質差別不大，二者都強調心的「認知」作用。至於在心與理的關係上，雖然朱子認爲理可具於心，但這種具只是認知的，靜攝的具，實質心與理是爲二的。至於東原則明白表示理是心的所對，而埋在事中，只能作爲心知的分析對象。故此二者對心與理關係的看法亦是大體一致的。至於「情」方面，東原認爲喜怒哀樂之情是人性的自然之質，「是皆成性使然也」，亦是人與人之間互相溝通感發之渠道。朱子則認爲情是性之所發，因物而感，會隨著與人或物的接觸而有所感發，是以朱子對「情」的了解與東原亦是大體相合的，二者都認爲情屬形下之氣。

其實在心、性、情三者當中，東原與朱子最大的分歧是在於對「性」的了解。東原了解的性是純就人的氣稟而言，其中可包括人的生理欲望，心理情緒在內。反之，朱子認爲「性」是純粹是善的，屬於本然之理，是形上的實有，應該絕不夾雜有形下的氣稟在內。其次，朱子對「性」的看法因理氣論的關係，而另外有義理之性與氣質之性的區分，與東原只重視氣稟之性一層的看法乃大有分別。故此，東原與朱子對「性」的了解可說是全然相異的。而且朱子與東原兩者思想形態之所以有分別，主要是由於「性」的看法上的分歧所致。事實上，東原在「理欲問題」上之所以主張「達情遂欲」，以及反對朱子「存天理，去人欲」，就是由於他只肯定氣稟之性，而否定義理之性的原故。

再者，在朱子心、性、情三分的格局中，亦隱含有理氣二分的看法在內，其中性屬於理，至於心與情則屬於氣，有形上與形下的分別。然而東原所理解的心性情則純粹爲氣化的一層，心性情俱屬於實然之氣，並無理氣的分別，由是東原在理氣的看法上與朱子亦是有所不同的。

第三節　朱子存天理去人欲與東原達情遂欲的比對

東原在「理欲問題」上對朱子所發的批評，基本的觀點乃認爲朱子「理得於天而具於心」的看法，做成了隨意以一己之意見爲理，並以天理壓抑正常情欲的毛病。至於東原認爲情欲是人性的自然之質，是吾人賴以生養的正常欲求，應該加以肯定，故欲不可無，亦不能排斥，只要施以適當的節制便可以了。然則朱子「存天理去人欲」的主張，是否正如東原所言，完全忽視人的正常欲求？而且，朱子的理又是否爲一己隨意的意見？這都有待進一步的辨釋。事實上，東原在「理欲問題」上與朱子最大的分歧是在於對「性」

的了解。因此，以下即首先分析朱子在義理與氣質之性之對比上的看法，藉以說明他何以會有存天理去人欲的主張。

　　原初在朱子心、性、情三分，理、氣二分的義理架構中，性即是理，屬本然之理，乃純粹是善的。然而性於發用而為情的過程中，免不了要下委於氣，為氣所夾雜，於是乃有不善的問題出現。對於此種現實的問題，朱子乃有必要在義理上說明惡之所以出現的根由。朱子說：

> 只說箇仁義禮智是性，世間卻有生出來便無狀底，是如何？只是氣
> 稟如此。若不論那氣，這道理便不周匝，所以不備；若只論氣稟，
> 這箇善，這箇惡，不論那一原處只是這箇道理，又卻不明。〔註43〕

朱子指出以理為性，只說明了人具有先天之善的本質，然而卻不能解釋何以人有為惡的可能。是以乃必須要對人之氣稟一面有所說明，人性的了解才可算完備。事實上朱子的這種看法是承自二程「論性不論氣不備，論氣不論性不明」的觀點。朱子說：

> 論性不論氣，不備，論氣不論性，不明。蓋本然之性，只是至善。
> 然不以氣質而論之，則莫知其有昏明開塞，剛柔強弱，故有所不備。
> 徒論氣質之性，而不自本原言之，則雖知有昏明開塞、剛柔強弱之
> 不同，而不知至善之源未嘗有異，故其論有所不明。須是合性與氣
> 觀之，然後盡。蓋性即氣，氣即性也。若孟子專於性善，則有些是
> 「論性不論氣」。〔註44〕

孟子原初在「性命對揚」的對比關係上，亦有說到現實方面的自然生理之性，但由於孟子的重點乃落在道德心性之上，旨在提撕和顯揚人的價值，強調人只要充份踐履自己的本心性善，便可實行仁義。這可說是從性的積極一面，肯定了人具有行善的可能；至於人不能行善，孟子認為是由於人之「陷溺其心」，又或是「不能盡其才」的原故。因是，對於為惡的原因，與及氣性的限制，便沒有充份的展示。

　　而「論性不論氣不備，論氣不論性不明」此語乃表示，假若論性只涉人皆有之的共同普遍的純一之性：義理之性，而不說到人人各有不同的，差異獨特的氣稟之性，以及未能正視氣稟之性在成德實踐上的限制，則可說是未算詳備的，故孟子論性乃屬「論性不論氣不備」。而朱子說孟子「論性不論

─────────────

〔註43〕同上註，卷四，頁70。
〔註44〕同上註，卷五十九，頁1387～1388。

氣」，就是認爲孟子在論氣稟對人的限制上有所不足。反之，若只見到人之生命之自然之性，而見不到人的超越的，理性層上的性；只就人之氣稟不齊處看人，只從氣稟上的清濁昏明之不同，以解釋人之所以爲善爲惡，俱爲氣質所決定。這亦不能說明人之所以成德的超越根據，便是「論氣不論性不明」了。由告子以降，以「生之謂性」的原則，與及以氣性才性來了解人性的學者，俱屬於這一路，而東原當然亦不能例外。

誠然，氣稟之性對人的道德實踐是有所限制，然而性本身卻必須要憑藉氣稟來體現。換言之，在踐現性理的過程中，氣稟的限制是吾人所不能免卻的。因此朱子指出性與氣稟二者不能相離，性必須要以氣爲安頓處。朱子說：

> 天命之性，若無氣質，卻無安頓處。且如一勺水，非有物盛之，則水無歸著。〔註45〕

> 性離氣稟不得。有氣稟，性方存在裏面；無氣稟，性便無所寄搭了。〔註46〕

由於性離開氣便無所掛搭，是以對性的了解必須顧及氣稟的限制方算充份。而若只重視氣稟的一層，而不能說明吾人道德實踐之所以可能的超越根據，以及肯定吾人具有內在的義理之性的話，那麼亦不能貞定吾人的道德踐履。因此朱子乃有「須是合性與氣觀之，然後盡」的看法，意謂必須要兼顧「義理」與「氣質」之性二者，對人性的說明方算完備。

進一步說，由於性理之發用必須落在情氣上，必須感於外物而動，要在氣上表現。而情屬氣，氣之發亦每因氣稟之性的不齊，乃不一定能合於純善的理，而有不善的可能，是以必須施以宰制。故朱子說：

> 心之本體本無不善，其流爲不善者，情之遷於物而然也。〔註47〕

> 欲是情發出來底。心如水，性猶水之靜，情則水之流，欲則水之波瀾。〔註48〕

因此假若心之動能宰制情，並使之循理便是「善」；反之，若心不能宰制情，而情之發亦不合於理，這樣人欲便由此出，惡亦相繼萌生。是以朱子乃有「存天理，去人欲」的主張。故朱子說：

〔註45〕同上註，卷四，頁 66。
〔註46〕同上註，卷九十四，頁 2381。
〔註47〕同上註，卷五，頁 92。
〔註48〕同上註，頁 93。

> 有箇天理，便有箇人欲。蓋緣這箇天理須有安頓處；才安頓得不恰
> 好，便有人欲出來。〔註49〕

> 聖人千言萬話，只是教人明天理，滅人欲。天理明，自不消講學。
> 〔註50〕

再者由於性只是但理，本身不能有所活動，於是對情宰制，以及存天理去人欲的任務乃落在心上。朱子說

> 人欲也未便是不好，謂之危者，危險，欲墮未墮之間，若無道心以
> 御之，則一向入於邪惡，又不止於危也」〔註51〕

朱子此語正表示「心」可以御情去欲，但其中要注意的是朱子所謂去人欲，實則並不是要完全排除人欲，只是去其不正，而使情復歸於理而已。事實上，欲乃是人本身的自然欲求，是不可能絕對排除去盡的。對於「欲」的問題，朱子在解釋濂溪「寡欲」的主張時指出：

> 此寡欲，則是合不當如此者，如私欲之類。若是飢而欲食，渴而欲
> 飲，則此欲亦豈能無？但亦是合當如此者。〔註52〕

> 欲，如口鼻耳目四肢之欲，雖人之所不能無，然多而不節，未有不
> 失其本心者，學者所當深戒也。。〔註53〕

可見朱子對欲的態度，並非要消滅淨盡，而只是要使欲有所節制，情之發能循理而已。至於「存天理，去人欲」的功夫落實在心上，則表現爲涵養察識與格物窮理。首先，朱子對涵養察識的功夫有以下的說明：

> 己發未發，不必太泥。只是既涵養，又省察。無時不涵養省察。若
> 戒懼不睹不聞，便是通貫動靜，只此便是功夫。〔註54〕

> 伊川又言，涵養須用敬，進學則在致知；又言入道莫如敬，未有致
> 知而不在敬者。考之聖賢之言如此類者亦眾。是知聖門之學，別無
> 要妙，徹頭徹尾，只是個敬字而已。……若能持敬以窮理，則天理
> 自明，人欲自消。〔註55〕

〔註49〕同上註，卷十三，頁223。
〔註50〕同上註，卷十二，頁207。
〔註51〕同上註，卷七十八，頁2010。
〔註52〕同上註，卷九十四，頁2414。
〔註53〕同註三，〈孟子集註〉卷十四，頁374。
〔註54〕見《語類》，卷六二，頁1514。
〔註55〕見〈答程允夫〉文據《朱子大全》卷四十一，頁18。

朱子所謂涵養察識，實則可藉「居敬」的功夫得以說明，首先涵養是指心於未發之靜時，以肅正誠敬之心，把其中的私意雜念去除淨盡，使心達於心靜理明的境地。而察識則是指心於已發之動時，涵養的敬心顯爲心知之明，對已發的情變加以察識，使其能依理而且發而中節。因此涵養是針對未發的靜而言的，至於察識則落在已發的動之上的，而敬則貫乎動靜。朱子對敬通貫動靜的作用更有以下的說明：

> 敬字通貫動靜：但未發時渾然是敬之體。非是知其未發，方下敬底功夫。既發則隨事省察，而敬之用焉；然非體立，則其用亦無自而施也。故敬義非兩截事。必有事焉而勿正，勿忘而助長，則此心卓然貫通動靜；敬立義行，無適而非天理之正矣。〔註56〕

故此由敬所通貫的涵養察識功夫，主要是就主體的道德實踐上而言的。所謂「敬」就是指集中心思，使心常保持於不妄思、不妄動的狀態。這亦即所謂涵養於未發，至於已發之際，心便要對已發的情變施以察識，使其能循理而發。而進一步說，心知之明順察識而向外，便落實爲「格物窮理」的功夫。朱子對格物、窮理、致知的功夫有這樣的說明：

> 致，推極也。知，猶識也。推極吾之知識，欲其所知無不盡也。格，至也。物，猶事也。窮至事物之理，欲其極處無不到也。……物格者，物理之極處無不到也。知至者，吾心之所知無不盡也。〔註57〕
>
> 所謂致知在格物者，言欲致吾之知，在即物而窮其理也。蓋人心之靈莫不有知，而天下之物莫不有理，惟於理有未窮，故其知有不盡也。是以大學始教，必使學者即凡天下之物，莫不因其已知之理而益窮之，以求至乎其極。至於用力之久，而一旦豁然貫通焉，則眾物之表裏精粗無不到，而吾心之全體大用無不明矣。此謂物格，此謂知之至也。〔註58〕

依朱子之意，格是至，而物則表示事物，其範圍可包括一切的事事物物，不但外物是物，吾人心上所發之事亦是物。故此惻隱、羞惡、辭讓、是非等心上所發之事，亦可以是格物的對象。故此格物就是即物而窮究其理的意思，而透過對事物的窮格，至其極處而得出的理，乃就是事物之所以然的理。換

〔註56〕見〈答林擇之〉，文據《朱子大全》卷四十三，頁29。
〔註57〕同上註，見〈大學集註〉，頁4。
〔註58〕同上註，見〈大學補傳〉，頁7。

言之,窮理是從事物存在之然,進而把握其所以然,因此理與物是所以然與然的異層相對。格物窮理之所以可能,其根據是心知之靈。心知之靈本身是具有認知事物之理的能力,只因為物欲所蔽,其心知之明便不能發。因此乃有需要窮理,窮理實質就是格物,格物就是藉以致知。致知一方面是藉格物以推致、擴大並恢復其心知之明;另一方面亦推致心知窮究事物之理的認知作用,進而使其知無不盡。換言之,格物至其無不盡處,則心知之明小相應知無不盡,這就是「知至」。〔註59〕進一步說,心知藉著格物窮理的功夫而達致心靜理明,於是理乃內具於吾人的心中,乃能引發心氣凝聚向上,使心氣之所發能循理而動,這樣便自然能存天理、去人欲了。

據以上的辨析,把東原達情遂欲與朱子存天理、去人欲作一比對,可以發覺二者的主張實際上並非完全對立的。首先,東原以理作為達情遂欲的規範原則,與朱子以理作為去人欲的標準是相同的做法。其次,東原的理是以心知對事物和事情施以條分縷析,微鑑密察而得出的。至於朱子格物窮理所得的理,亦是以心知之明對事事物物窮格之後而達致的。故此兩者都極之重視「心」在功夫過程中的作用,尤其強調心知之明對把握理的重要性。再者,二人俱認為理是心的所對,而理只是認知地靜攝於心之內,作為道德規範的原則。因此雙方的理論雖然各自成一個系統,但在某些看法上是可以互相溝通的。

其次,由於朱子和東原都極之重視心知在道德實踐中的作用;然則,心知在二者的系統中,所發揮的作用是否一樣,則有待進一步辨析。首先,由於東原認為人之性乃「血氣心知」,是以在「達情遂欲」的過程中,心知乃內本自己的血氣,外接他人的血氣,把己與人之血氣所發的情欲,同置於一平面上,然後施以心知的條分縷析,以情絜情,以欲絜欲,以進致達人之情,達人之欲。故此在東原「達情遂欲」的推證中,人之心知與情欲,乃在同一的平面上,而非上下兩層的相對。〔註60〕至於朱子以心知宰制情之發用的過程中,心知與情亦同為形下的一層。而心知宰制情之發,乃使其發而能凝聚向上,合於本然的理。雖則朱子主張心統性情,表示心向上可通乎理,向下則宰乎情,可使實然之情合乎所以然之理。然而,情之發而向上,是關聯著所以然之性來說,以呈顯情與性「然與所以然」的關係。因是,雖然心對情

〔註59〕參閱《心體與性體》,第三冊,頁385。
〔註60〕參閱唐君毅先生著,《中國哲學原論·原性篇》,頁501~502。

的宰御，是在上通乎理之心，宰制在下的實然之情。但這種心與情的關係，乃是橫攝的關係，二者基本是同屬一層的。故此，朱子對心與情之關係的了解，與東原乃大體相同的。

其實東原之所以批評朱子，主要是在「性」和「理」的了解上有所分歧。東原由於要主張達情遂欲，因是他對「性」的了解乃只得「氣稟之性」一層，認爲欲與情俱爲人性的自然之質，不應排除，而應加以節制。相反，朱子認爲對人性的探討，必須顧及義理之性與氣質之性二者方算完備。而由於氣質之性的宥限，假若心不能常合於理，人欲乃有萌生的可能。所以朱子乃主張「存天理去人欲」，實則朱子亦非完全排除人欲，他的態度根本和東原一樣，都是主張人欲要加以節制而已。因此東原批評朱子要去盡人欲，實在是有欠公允的。

此外，東原認爲朱子的理只是隨意的意見，然而實質上，朱子的理是要透過格物窮理而後才得出的，理本身是存在之然的所以然，絕非任意以心之意見爲理。因此東原對朱子的批評是本於偏見的了解，他實際上對朱子的「理」並無相應的體會。雖然如此，但朱子格物窮理的進路，與東原以心知對事物施以條分縷析，以求得事物之理的做法，亦是相類似的。當然，東原認爲理在事中，理不能離開氣而存在；反之，朱子認爲理與氣乃然與所以然的相對，理氣二分，這無疑是二者之間一條難以溝通的鴻溝。

再次，東原對朱子「存理去欲」以及「以意見爲理」的批評雖多有未當，然而他強調「以己之欲度人之欲，以己之情絜人之情，以冀得人之相與之理」的態度，以及批評宋儒「以理殺人」乃具有一定的現實意義。唐君毅先生指出：

> 宋儒之學者，在其自作反省之功夫時，雖本無妨自覺其心知之在其一切血氣之上，其閒居而評斷人物之是非之時，亦固可以道自任，而唯本此理，定天下人物之是非。然當其應事接物之時，若因思及其心之性理之自足，更一念顛倒，亦可化出一現實上之自足自大，而自視其心與其人，若高居所接之其他一切人物之上者；緣是而或不免自封於其當前已知之理，執一廢百，而成意見。或者乃更堅執其意見，鼓盪其血氣，以成意氣；乃以理責人，以理殺人。〔註61〕

依唐先生的分析，東原之所以批評宋儒，實在乃有見於宋儒於道德實踐，和斷情處事之際，往往以爲「理具於心」，因是乃以爲自己可淩駕於別人之上，而形

〔註61〕同上註，頁503。

成心理上的自大自足。實則個人於應事接物之際，應該如唐先生所指出的：

> 渾忘其性理之自足與其所已知之理，以由上層落下，使此心知內在
> 於身體之血氣之中，而不冒溢於此血氣之上。此即極高明者之所以
> 於平居對人應事之際，仍須道中庸，而自視不異於常人；乃能與常
> 人同本此血氣之身，而運其心知以接物；於物之理，不敢以意見爲
> 評斷；於人之情欲，亦更不執意見爲苛責，而後方可言君子之溫良
> 恭讓之懿德〔註62〕

由此可見，東原的批評容或有過苛之言，但對後儒的確具有警策的作用，亦
足以提醒吾人在待人處事上，不可形成傲慢的態度，此乃東原批評宋儒之積
極意義。

第四節　朱子與東原言理氣的比對

　　除天理人欲的看法外，東原在理氣問題上，其主張亦是主要針對朱子而
發的。首先東原認爲天地萬物乃由氣化之流行構成，並無形上之理與形下之
氣二層的區分，理既非形而上的道體，亦非天地萬物的超越根據。而由於無
形上、形下的區別，於是理只能是事物的規律，不能離開氣而存在。換言之，
理與氣之間並不存在然與所以然的相對；因是，理只是氣本身的規律，自然
亦不能有理生氣的看法。其次，東原更指出朱子視太極爲形上超越之理，理、
氣截然二分的理氣觀，亦有違孔孟的原義。然則東原上述的這些批評，是否
切中要害？這些問題將於本節中詳加闡述。

　　從上文朱子心、性、情三分的格局中，已知其中隱含了理、氣二分的區
別在內。依朱子的思想，「理」乃是天地萬物的根源，亦是現實存在之所以然
的超越根據。至於「氣」則是承載「理」的質料，亦是使理得以有情有狀的
必須器具。朱子說：

> 蓋太極是理，形而上者；陰陽是氣，形而下者。然理無形，而氣卻
> 有迹。〔註63〕

> 太極只是一箇理字。〔註64〕

〔註62〕同上註，頁 503～504。
〔註63〕見《語類》，卷五，頁 84。
〔註64〕同上註，卷一，頁 2。

形而上者，無形無影是此理；形而下者，有情有狀是此器。然謂此
器則有此理，有此理則有此器，未嘗相離，卻不是於形器之外別有
所謂理。〔註65〕

陰陽氣也，形而下者也；所以一陰陽者理也，形而上者也，道即理
之謂也。〔註66〕

天地之間，有理有氣。理也者，形而上之道也，生物之本也；氣也
者，形而下之器也，生物之具也。是以人物之生，必稟此理，然後
有性。必稟此氣，然後有形。其性其形，雖不外乎一身，然其道器
之間，分際甚明，不可亂也。〔註67〕

綜合上述幾點，朱子之「理」亦即「太極」，為形而上的本然之理，既是形下
之氣的所以然，亦是陰陽動靜背後之理。其次，理本身只是一個「但理」，因
此它「無形無影」，潔淨空闊，無形體，無方所，無計度，無情意，無作用，
純粹只是一個靜態的存有。雖然如此，但理要具體實現，就不能不憑藉「氣」
的作用。而理、氣從分別屬於形上與形下二層來看，二者應該是區別得很清
楚的，然而朱子卻認為理氣的關係應該是「不離不雜」的，他說：

天下未有無理之氣，亦未有無氣之理。〔註68〕

問：必有是理，然後有是氣，如何？曰：此本無先後之可言。然必
欲推其所從來，則須說先有是理。然理又非別為一物，即存乎是氣
之中，無是氣，則是理亦無掛搭處。〔註69〕

朱子明白表示理氣二者的關係是「不離不雜」，「不雜」表示理氣從形上之道
及形下之器來看，二者當然是有所相異，不可混同的；可是理氣雖然是不雜，
但理亦不能離開氣，假若離開氣，則理亦無所安頓，無所掛搭。因此在這個
分際上，理氣又可以說是「不離」。進一步說，「理不離氣」是就理作為氣之
所以然而提出，意謂理要在氣之然處見出氣之所以然；而「氣不離理」則是
就氣之然必有自身的所以然而提出，要在理之定然處見出氣之然，故理氣二
者不離不雜。復次，雖然理不離氣，氣不離理。然而，從形上學的角度來看，

〔註65〕同上註，卷九十五，頁 2421。
〔註66〕見《通書》〈誠上註〉，文據《周敦頤集》，卷二，頁 13。
〔註67〕見〈答黃道夫〉，文據《朱子大全》卷五十八，頁 4。
〔註68〕見《語類》卷一，頁 2。
〔註69〕同上註，頁 3。

則理是氣之所以存在的根據；因此理應該是先於氣的。朱子說：

> 理未嘗離乎氣。然理，形而上者；氣，形而下者。自形而上下言，豈無先後。〔註70〕

> 或問「理在先，氣在後」。曰：「理與氣本無先後之可言。但推上去時，卻如理在先，氣在後相似。〔註71〕

朱子在此表示理雖然不能離乎氣，但從形而上的先後次序來看，由於理是氣之所以然，故此「理先於氣」乃是事實。而基於理先氣後，於是又引出「理生氣」的問題。朱子說：

> 有是理後生是氣。〔註72〕

> 問：「昨謂未有天地之先，畢竟是先有理，如何？」曰：「未有天地之先，畢竟也只是理。有此理，便有此天地；若無此理，便亦無天地，無人無物，都無該載了！有理，便有氣流行，發育萬物。」曰：「發育是理發育之否？」曰：「有此理，便有此氣流行發育。」〔註73〕

這裏朱子指出理可生氣，然而理本身並不直接化生萬物，化生萬物只是氣，是氣在流行發育。牟宗三先生指出由於朱子所了解的「理」只是一個但理，本身只存有而不活動。所以「理生氣」並非表示氣可直接從理中生出來，而只是說，氣要依傍著理，氣的生化方能合度。換言之，理只能有超越地為氣之所以然的作用，而無創生妙運的作用。實際上，生化變動的不是理，而是氣。〔註74〕

此外朱子之理作為存在之所以然，其本身乃是一，而不是多，因此乃有所謂「理一分殊」的問題。朱子對理之一與多的分際，有以下的見解：

> 一實萬分，萬一各正，便是理一分殊處。〔註75〕

> 萬一各正，小大有定，言萬箇是一箇，一箇是萬箇。蓋統體是一太極，然又一物各具一太極。〔註76〕

〔註70〕同上註。
〔註71〕同上註。
〔註72〕同上註，頁2。
〔註73〕同上註，頁1。
〔註74〕參閱《心體與性體》第三冊，頁507。
〔註75〕同上註，卷九十四，頁2409。
〔註76〕同上註。

朱子指出理作爲事物所以然之理，當然會因事事物物的不同，分別而爲萬事萬物的所以然之理，這就是「一物各具一太極」。然而朱子又有「統體一太極」的說法，表示理可爲萬物統體之理，遍及萬事萬物，這顯出似乎有前後矛盾。實則依朱子的本意，理是一，而多只是方便的說法。首先，就事物存在之然來看，理作爲事事物物所以然之理，從事事物物的分殊，可以說是多。可是朱子認爲這種多只是權說，實則萬事萬物從其皆有所以然之理以爲性來說，萬物所得的是同一的整全之理。換言之，存在之然雖然不同，但其所得以爲性的理卻無不同。故朱子再以「月印萬川」爲喻，以說明其中的關係：

> 問：「〈理性命〉章注云：『自其本而之末，則一理之實，而萬物分之以爲體，故萬物各有一太極。』如此，則是太極有分裂乎？」曰：「本只是一太極，而萬物各有稟受，又自各全具一太極爾。如月在天，只一而已，及散在江湖，則隨處而見，不可謂月已分也。」〔註77〕

所謂月印萬川是表示理本身有如天上之月，月映在萬川之上，分別顯現爲千差萬別的月色；然而這眾多的月影，只是源於天上同一之月而已。換言之，理自身當然是一的，不會因萬物分之以爲體而有所割裂。

從以上的闡述，可見朱子的理氣觀，所表示的「理」只是一個作爲存有的、靜態的、形式意義的純一之理，本身並不能活動。其次，理氣關係爲不離不雜，理只是在氣之存在之然背後，超越而靜態地主宰著。此外，理先氣後，而理亦可生氣。〔註78〕故此朱子與東原對理氣的看法實在是截然不同的。然則，朱子這種看法是否有違孔孟的本義？

在儒學的傳統中，自孔子提出「踐仁知天」，一方面豁醒了人的內在精神生命，指點出「仁」就是人的道德主體；另一方面又申明人必須要以實踐仁義，體現自我的德性人格爲目標。而人在道德的踐履的過程中，主體亦可進而默契流行不已，生物不測的天道。孔子之後，孟子繼而提出「盡心、知性、知天」，順孔子點出的仁，提出本心，由本心進一步說性善，把孔子的仁完全收攝到主體的心性之內，於是本心與性善便成爲道德實踐之所以可能的內在根據。祇要人人能保存涵養自己的本心和善性，不斷擴充，便當能提升自己的人格，進而成聖成賢，契合天道。接續的《中庸》和《易傳》，從客觀的天道上，把孔孟心性之學的義理規模，進一步朗現，明確指出德性主體與生生

〔註77〕同上註。
〔註78〕參閱《心體與性體》第三冊，頁503～508。

不息，無窮無盡的天道合而爲一，二者並沒實質的差異。於是只要人人能夠把本有的道德善性不斷實踐，直至全幅展現，也就是把無窮的天理體現在自己的生命之中，而人的有限生命，亦可取得無限的意義和價值。

因此從孔、孟至《中庸》、《易傳》的發展來看，儒學素來是以天人合一作爲終極的理想。換言之，吾人的道德實踐，是以成聖成賢，體現天道作爲歸趣的。原初由孔、孟、發展到《易》、《庸》，超越的天理實體與內在的本心性體都是「即存有即活動」的。然而，由於朱子的理氣觀把理體會爲超越的形上之理，而心則爲形下的氣之靈之心，理氣二者清楚割截，於是原初於穆不已的道體，被收縮提練爲一形而上的「形式之理」，於是理作爲天地萬物超越的所以然，便只是「只存有而不活動」的。朱子之所以對理有這種看法，當然和他對孟子和孔子的義理，在理解上未能完全相應有關。他把理解釋爲一形上的「但理」，而心、神俱脫落了，以致理在天道創生，於穆不已之作用上未免有所虛欠，對道德實踐的發動力量乃有所不足。然而，在義理性格上，朱子的理氣觀仍然不失爲儒學發展中可有的一種形態，牟宗三先生對朱子就有「別子爲宗」的評價。〔註 79〕進一步說，東原指斥朱子的理氣觀不合孔孟的原義，然而他本身對孟子的了解亦未盡諦當；更且，他的批評根本亦未能察識朱子在儒學發展中歧出的分際，更無法洞察朱子之所以爲歧出的原因。換言之，東原只是以自己的思想系統及自以爲恰當的孟子詮釋，從而批評朱子；事實上，他對儒學天道觀的義理規模根本未有相應的了解，因是他對朱子所發的批評亦可以說是落空或不相應的。

另一方面，從形上學的的角度來看，朱子以「理」作爲天地萬物的根源，比較東原純就氣來說明天地萬物之所由生，就更具說服力量。要知凡天地萬物之所以生成，必有其所以生之理由，此理在理論上必先於物而存在。朱子認爲這個理由就是「理」。然而東原所了解的「理」只爲事物的規律，而規律亦不能離開事物而存在。換言之，東原認爲只有「氣」爲存在，而「理」爲氣之理。至於何以氣能成爲存在，則並無加以說明，是以東原實質是一種「唯氣論」的立場。唐君毅先生指出天地萬物的生化，生生不息，於其背後必有其所以生的根據，朱子提出的「理」就是這個根據。反之東原認爲天地萬物，純爲一氣所化成，這種觀點是不能說明天地萬物生生不息的。唐先生對此有這樣的說明：

[註79] 同上註，參閱《心體與性體》第一冊，頁 45。

氣之本身之有或存在，亦即一物之形式質料之存在性之所在。……
此氣乃初不可言其有一定之形式者。亦唯有一定之形式之氣，未變
而若不可變者，方可言有定質。唯此有定質者，乃可由爲一物之質
料，而改爲他物之質料時，仍是其自身。故無一定形式之氣，亦不
可言有定質。而無定形定質之氣，亦非「有即常有，存即常存」之
氣，而只能是一在生生歷程中或流行歷程中之氣，亦即其本身在生
而化，化而生之歷程中之氣。此氣之生而化，化而生之歷程之相繼，
尤不能無理以貫乎其中……若無理以貫乎其中，而主乎其中，則氣
之既生，不應更化，氣之既化，亦不應更生，便無其生生化化歷程
之相繼。若無此歷程之相繼，則天地毀而萬物息。〔註80〕

唐先生明白指出不論「氣」本身，又或是在生化過程中的氣，都必須有「理」
作爲其背後的所以然；不然，生化之歷程無以相繼，氣化流行的生生之道亦
無以維繫。因此朱子的理氣觀較諸東原的唯氣論，對解釋天地萬物生化之所
以可能是更爲充份的。

第五節　朱子與釋道的關係

東原對朱子的批評，除理欲問題及理氣問題外，亦指出朱子的思想表面
爲儒門正宗，實質乃受佛道的影響，其義理與孔孟之言並不完全相合。然則，
朱子的思想是否正如東原所指，糅雜了釋老的觀點。本節即就此個中關係加
以說明，並檢討東原所論之得失。

佛教在唐代極爲興盛，到五代更有禪宗的出現，可說佛學發展到最高峰。
由於佛家重「空」，道家重「無」，兩者頗有相通之處。而在宋代，釋老之道
對知識份子亦頗有吸引力，諸位大儒於青年時代均曾涉足釋老之學，其中朱
子亦不例外。他說：

熹天資魯鈍，自幼記問言語不能及人。以先君子之餘誨，頗知有意
於爲己之學，而未得其處。蓋出入於釋老者十餘年。近歲以來，獲
親有道，始知所向之大方。〔註81〕

某少時未有知，亦曾學禪，只李先生極言其不是。後來考究，卻是

〔註80〕見唐君毅先生著《中國哲學原論・導論篇》，頁448～449。
〔註81〕見〈答江元適〉，文據《朱子大全》卷三十八，頁34。

這邊味長。才這邊長得一寸，那邊便縮了一寸。到今銷鑠無餘矣。

畢竟佛學無是處。〔註82〕〕

據以上朱子所述，他對早年曾出入於老釋的經過，並不諱言。然而，從學於李延平之後，朱子便發覺釋老之學並不足取，自始之後便歸宗於儒。可是東原認爲由於先入爲主的原故，朱子的思想始終仍滲入了佛道的影響。是以，東原首先就指出朱子對「理」的了解是得自釋老的「眞宰」和「眞空」；其次，「存理去欲」則是吸收了佛道之「無欲」與「重神遺形」的看法。此外，東原更指出朱子以理之沖漠無朕與人倫日用的形下世界相對，重視形上之理，而以爲人倫日用之事不得謂之道的傾向，亦是受釋老影響所致。

事實上，在宋儒中，除濂溪外，橫渠、二程均明辨儒釋的分際，而朱子身爲宋儒的集大成者，對儒釋的分際更是嚴加辨別。首先，朱子在本體的理解方面，就指出儒釋二者的觀點是互不相容的：

釋氏虛，吾儒實。釋氏二，吾儒一。釋氏以事理爲不緊要而不理會。〔註83〕

吾儒心雖虛而理則實，若釋氏則一向歸空寂去了。〔註84〕

儒釋言性異處，只是釋言空，儒言實；釋言無，儒言有。〔註85〕

問：「先生以釋氏之說爲空，爲無理。以空言，似不若『無理』二字切中其病。」曰：「惟其無理，是以爲空。它之所謂心，所謂性者，只是箇空底物事，無理。」〔註86〕

朱子以上這幾點都是強調儒家所體會的理是「實有」的，而釋氏所體會的理卻只是「空無」。儒者所了解的天理實體，是作爲天地萬物的根源而存在的，而天地萬物的生化，亦必須要背後的形上道體所貫注方可得其實義。反之，釋氏認爲天地萬物如幻如化，一切事物皆有待因緣生起。而緣生實則就是「緣起性空」，所謂緣起性空是對現象本身爲緣起這個事實作實然的描述，表示事物均無自性，因此「性空」並非表示一實體，而只是一描狀語。換言之，釋氏所了解的實質只是一空理，與儒家創生不息的實理自是肝膽楚越，截然不同。

〔註82〕見《語類》，卷一零四，頁2620。
〔註83〕同上註，卷一二六，頁3015。
〔註84〕同上註。
〔註85〕同上註。
〔註86〕同上註，頁3016。

至於道家方面，朱子亦有以下的辨釋：

> 謙之問：「佛氏之空，與老子之無一般否？」曰：「不同，佛氏只是空
> 豁豁然，和有都無了，所謂『終日喫飯，不曾咬破一粒米；終日著衣，
> 不曾掛著一條絲』。若老氏猶骨是有，只是清淨無爲，一向恁地深藏
> 固守，自爲玄妙，教人摸索不得，便是把有無兩截看了。〔註87〕

> 問：「釋氏之無，與老氏之無何以異？」曰：「老氏依舊有，如所謂
> 『無欲觀其妙，有欲觀其徼』是也。若釋氏則以天地爲幻妄，以
> 四大爲假合，則是全無也。」〔註88〕

朱子指出老釋雖然同有「無」的看法，但道家所體會之「無」與佛家乃是有
所不同的。因爲釋氏以天地爲幻妄，萬物皆無自性，亦即緣起性空，乃是徹
底的空無。至於道家所言之無乃工夫修養上的事，故雖然有「清淨無爲」的
主張，但對天地萬物仍是肯定爲有的。是以朱子認爲道家猶骨是有，不是全
無。然而道家雖然肯定天地萬物，但與儒家的立場仍然是有所不同的。儒家
體會的道體是創生的實體，以創生萬物爲用，自然肯定天地萬物的存在。而
道家主張自然無爲，因此對天地萬物的存在，並不言直接的創造，而強調讓
開一步，使天地萬物自己生長，自己完成，這就是道家所說的「不生之生」
的意思。故此「眞宰」亦非眞正主宰，而應是「不宰之宰」，使萬物自然而然，
無待而化。換句話說，道家對天地萬物的態度，乃是使其各在其位，各遂其
性，各正其正。因此釋氏所言之「空」，以及老氏所言之「無」，兩者與儒家
所體會的「理」根本是截然不同的。而朱子明白其中的分際所在，因此對釋
老更有以下的批評：

> 佛老之學，不待深辨而明。只是廢三綱五常，這一事已是極大罪名！
> 其他更不消說。〔註89〕

> 釋老稱其有見，四是見得箇空虛寂滅。眞是虛，眞是寂無處，不知
> 他所謂見者見箇甚底？〔註90〕

就上述這兩點，可見朱子認爲釋老之學，與儒家重視人倫秩序，社會綱常的
態度完全不同。而且釋老所言的「空虛寂滅」對社會綱常秩序，只會帶來消

〔註87〕同上註，頁 3011～3012。
〔註88〕同上註。
〔註89〕同上註，頁 3014。
〔註90〕同上註。

極的影響和破壞。故此朱子認爲對儒學與釋老的分際，應清楚區別，不容混同，至於釋老有乖倫常的主張，更應嚴加辨斥。

朱子除於體上明辨儒、釋、道的分際，指出儒家爲實，釋老爲虛之外。復次，他亦從修養功夫的角度，對釋氏的主張有所商榷：

> 釋氏所謂「敬以直內」，只是空豁豁地，更無一物，卻不會「方外」。
> 聖人所「敬以直內」，則湛然虛明，萬理具足，方能「義以方外」。
> 〔註91〕
>
> 釋氏以絕滅爲事，亦可謂夭壽不貳，然修身以俟一段，全不曾理會。
> 〔註92〕
>
> 至其所以識心者，則必別立一心以識此心，而其所謂見性者，又未嘗睹夫民之彝物之則也。既不睹乎性之本然，則物之所感、情之所發……概以爲己累而盡絕之，雖至於反易天常殄滅人理而不顧也。
> 〔註93〕

這裏朱子指出釋氏的功夫，只能使識心歸於寂滅，但對人倫道德的價值是不予肯定的，故乃指斥釋氏只能敬以直內，而不能義以方外。反之，儒家對世間倫理政治社會之道，乃是直接予以肯定的。而且，爲學之道是以通過道德實踐，達致成己成物爲目標的。

從以上的辨析，可以發覺朱子的思想在本體、功夫，以至方向上，與釋老的主張俱存在本質的差異，而且朱子本身亦自覺要嚴辨儒釋的異同。原初東原曾指斥朱子之理乃得自釋老之「眞空」及「眞宰」，但從儒家之「實理」與釋老之「虛理」的對比來看，二者根本是截然不同的。其次，朱子更非只著眼於形上之理，而對人倫日用的人文世界，完全不予重視。再次，東原曾以「去盡人欲」爲病，指責朱子受釋老之「無欲」影響，但從以上的分析來看，實則眞正滅絕人欲的乃是釋氏。朱子本身對欲的態度並不是徹底排斥，而只是施以適當的節制而已。故綜合而論，東原指斥朱子思想雜糅老釋的批評是並不諦當的。

〔註91〕同上註，頁3015。
〔註92〕轉引自錢穆先生著《朱子新學案》，中冊，頁1125。
〔註93〕同上註，轉引自《朱子新學案》，頁1090。

第八章　結　論

第一節　孟子、朱子、東原言理的比對：形構之理與
　　　　存在之理

從前文分別闡述東原對孟子的詮釋和對朱子的批評，以及從孟子及朱子的立場檢討東原的詮釋和批評之後，可以發現孟子、朱子、東原三者對「理」的了解根本有所不同，其中孟子主張「心即理」，朱子主張「性即理」，至於東原則認爲「理在事中」。原初東原是希望透過訓詁學的方法來詮釋孟子的理，並藉此以反對朱子的理。誠然，在客觀義理上，朱子所言的「性即理」無疑並不合於孟子的「心即理」；然而，東原以「事物之理」來詮釋孟子的「心即理」亦是同樣不恰當的，況且亦不見得比朱子的「性即理」更合於孟子的原義。換言之，他們三者所體會的乃不同形態的「理」。

牟宗三先生在儒學思想的詮釋工作中，爲呈顯各家義理思想性格及分判思想系統之差別，就各家對「理」之不同理解，提出了一個重要的區分：「存在之理」和（Principle of Existence）「形構之理」（Principle of Formation）。牟先生認爲「形構之理」作爲事物的規律或所以然，具有以下幾點特質：

一、形構之理是「類概念」，亦是個「知識」概念；

二、形構之理是現象學的、描述的所以然，物理的、形而下的所以然，內在於自然自身之同質同層的所以然；

三、形構之理只負責描述說明，不負責創造與實現。

而與之對反，「存在之理」則具有以下之特點：

一、存在之理不是「類概念」，亦非「知識」概念；

二、存在之理是形而上的，超越的，本體論推證的、異質異層的所以然
之理，它不抒表一存在物或事之內容的曲曲折折之徵象；

三、存在之理可抒表一「存在之然」之存在，而此抒表可從創生妙運言，
藉以說明存在物或背後之創造實現原理，故亦可名「實現之理」
（Principle of Actualization）。

以下即以牟先三的區分作判準，就三家對「理」了解之差異，逐一分辨。〔註1〕

首先，孟子主張本心即性，心性合一，以本心性善爲道德的主體。其中
「性」既是能起道德創造的性能，亦是道德創造的實體，具有絕對的普遍性，
至於「心」則屬內在而固有的、自主自律、自定方向的道德本心。由是，心
更可爲自我的行爲定立規範，供給法則，故可說心與理爲一，也就是「心即
理」。其次，孟子本心即性的道德主體從「盡心、知性、知天」的義理來看，
意謂吾人通過道德實踐，由充份實現本心的大用，乃可證知吾人之性與天道
在內容上是爲一的。換言之，盡心這主觀的實踐活動即是客觀的性理之呈現，
亦同時即是絕對的天道之呈現。當然，孟子在語句上仍未顯明表示通過盡心
知性，心與性必定與天可以爲一，但在客觀義理上，這是孟子思想的必然發
展，亦是儒家天道性命通而爲一的極致。再者，由於孟子的心性是能夠起創
造，起活動的道德主體，故此「心即理」之「理」乃「即存有即活動」的，
能起道德創造的大用。進一步說，孟子之「心即理」，就其所創造的道德行爲
之純亦不已的存在之然來說，亦可以說是這些存在之然的「存在之理」或「實
現之理」。而且它的實現乃是從超越本體上直貫下來的，是本體創生妙運的實
現。

在朱子方面，他把孟子的「性」體會爲「只是理」，「心」體會爲形下的
實然的心氣。依這種了解，於是原初孟子能起道德創造的性能變成不能活動
的形上之理，而道德的本心則成爲形下的，以認知爲用的實然的心。由於朱
子的性不能活動，只有心才可活動，因此「性即理」的「理」乃不能由性所
自主自定，而要藉著實然的心，通過格物致知的功夫向外把握。由是，理客
觀地平置而爲心的所對，因此心與理爲二，心與性亦爲二，只有性與理爲一，
故朱子乃言「性即理」，而不言「心即理」。再者，由於性不能活動，而心與

────────

〔註1〕 有關「存在之理」、「實現之理」，以及「形構之理」的分際與界定，參閱《心
體與性體》第一冊，頁87～100。

理為二，於是朱子的理乃變成「只存有而不活動」。此外，朱子通過格物窮理而得的「理」，乃是從存在事物之然而推證其所以然而得出的，這種所以然之理乃是形而上的、超越的，以及本體論推證的，故此理氣二分，是然與所以然的異質異層相對。這種作為存在之然的所以然之理也是「存在之理」。然而朱子這種「存在之理」與孟子的並不相同，因為這種存在之理，是以存在為首出而推證其所以然而得出的，它是「只存有而不活動」的。反之，孟子的存在之理乃是以本體為首出而直貫地說下來的。復次，朱子的理不獨是存在之然的所以然之「存在之理」，而且也是「實現之理」，它亦能使現象界中的事物實現，故朱子亦有「理生氣」的主張。但由於朱子的理是「只存有而不活動」的，於是理生氣的「實現」亦只是靜態定然而規律地的實現，表示氣要依理始有合度的生化。這種「實現之理」的實現方式與孟子由本體直貫而下的妙運創生亦是有所不同的。

　　至於在東原的系統中，性是形下的「氣稟之性」，心是實然的「認知之心」，二者均非道德創造的主體。而東原有「理在事中」的主張，認為理不能離開事物而存在，「理」本身就東原所言「在物之質，曰肌理、曰腠理、曰文理；得其分則有條而不紊，謂之條理」來了解，此「理」顯然主要是著眼於客觀事物的形式相狀言，而且是由心知對事事物物施以條分縷析，微鑑密察而後得出的規律。析言之，這種藉心知向事物條分縷析而得的理，雖然是事物之所以然，但乃是描述的，形下的，內在於自然自身之同質同層的所以然。換言之，東原所了解的理並無然與所以然的異層相對，純粹為事物之然的規律。這種自然的，描述的，形下的所以然之理實則乃是「形構之理」。形構之理與存在之理或實現之理為異質的兩層，只負責描述與說明，而不負責創造與實現。

　　至於，就「情之不爽失」及「人我之情得其平」而了解之「理」，本身乃是基於吾人透過「理者，察之幾微，必區以別」的心知活動，對客觀事物，情勢，以及一己的情感欲望施以條分縷析，微鑑密察所達致的。這種藉著條分縷析所得的行事規律或「分理」，雖然乃吾人以心知之分析辨察而後得出，並不是一己隨意決定的「意見」；然而，正如東原所言「欲，其物，理，其則」，欲為自然，而理乃從自然歸於必然。其中，理作為規範情感欲望的所以然，與自然的情感欲望乃是同質同層的，並無然與所以然的異層相對。析言之，這「理」對吾人道德實踐所起的大抵是靜態的規範作用，而不能起道德創造

之大用。是以，此理乃屬「形構之理」，而非「存在之理」。

進一步說，由於東原體會的理純屬「形構之理」，而非「存在之理」及「實現之理」，故此，理不能生氣，理與氣為一，是以乃極力反對朱子理氣二分和理生氣的看法。依此，東原對理的看法不獨與孟子的「心即理」不同，與朱子的「性即理」亦有所不同，而有自己的獨特形態。

經以上的比對，可以見出孟子、朱子、東原三者對「理」的體會之所以有所不同，主要是基於三家對心、性都有不同的了解。牟宗三先生對於理，就曾經表示「實則『理』之一詞是就道體性體之實而帶上去的，理字並無獨立之實」。〔註 2〕意謂「理」本身並不是義理系統的關鍵，重點乃在於對心、性、有怎樣的了解。故此，理作為規律或法則，基本只是一種形式的決定，其具體的內容必須納入特殊的思想系統中，方可能有實質的決定。由此可見孟子、朱子、東原因其對心性各自有不同的體會，於是乃各依據其自己的思想系統賦予「理」以不同的實質意義，並從而對「理」的內容作系統的決定。由是，三家對「理」的了解乃各有所重，互不相同。

第二節　從道德的角度看孟子、朱子、東原的理：自律道德與他律道德

孟子、朱子與東原三者的「理」雖然是有所不同，可是三者的「理」對道德行為都有規範的作用，亦可作為吾人道德實踐的法則。是以本節即從道德的角度對三者作綜合的比較，以比對三者之「理」在道德實踐上的分際與限度。

牟宗三先生就道德之不同形態，透過會通康德與孟子的思想，提出了「自律道德」及「他律道德」的判準，以區別兩種主要的道德形態。據牟先生的看法，判別「自律道德」或「他律道德」，主要是根據以下的準則：

第一個原則是「意志底自律就是意志底那種特性，而因著這種特性，意志對於其自己就是一法則」（獨立不依於決定底對象之任何特性而對於其自己就是一法則。）」此原則乃康德提出，而據牟先生的解釋，康德表示的是意志之有這特性，即其自身對於其自己就是一法則。此特性即是意志底自律性。意志的自律就是意志為自我立法的意思，而自我立法之所以可能，是由吾人

內在之意志，道德主體所自我訂立、自定的方向。換言之，「自律道德」必然
預設一能爲自我立法的道德意志或道德主體。〔註3〕

　　第二個原則是牟先生根據康德的另一個判準而提出的，就是「如果意志
尋求決定意志之法則不在『它的格準之合宜於成爲它自己的決斷（裁定）底
普遍法則』中尋求，而卻在任何別處尋求，因而也就是說，如果它走出其自
己之外而在它的任何對象之特性中尋求這法則，則結果其所成者總只是〔意
志之〕他律」。〔註4〕

　　以下即以上述兩原則，探討孟子、朱子、東原，三者之道德形態，究竟
屬「自律」或「他律」？

　　首先，依孟子的思想，吾人內在的道主體主觀地說是心，客觀地說是性，
而主客觀合一，則心與性爲一，道德行爲就是本心即性的不容已。而由於孟
子肯定吾人具有道德本心，於是人乃是一可自我主宰的存有；人既是可自主
的，則道德法則便由人自己所訂立。再且，道德本心更可爲我們的生命定出
一個方向，指示我們應當如何行，爲我們的行爲定立一個規範，而這個規範
就是孟子「心即理」所表示之理。故此，依孟子的思想，道德法則乃由本心
明覺所自主自定的，而所謂「心悅理義」乃表示心與理義爲必然地一致。是
以心即理，理即心，心與理爲一。換句話說，孟子的道德由於「心即理」的
原故，乃是「自律道律」。

　　其次朱子主張「性即理」，表示性與理爲一，因此性是純然屬善的。至於
心是實然的氣之靈之心，而情則爲性理之發用，由是乃將孟子本心即性的義
理分解爲心、性、情三分的格局。原初孟子本心即性的道德主體，是「即存
有即活動」的，但經朱子的分解後，性成爲靜態的形上之理，本身「只存有
而不活動」。更且，性由於不能活動，其自身無所謂已發未發，能發的是心與
情，而情於已發之際，乃有善或不善的可能。由是道德實踐的功夫，乃由性
體轉移到心氣的涵養以及由心氣而發的省察之上，亦即格物窮理以致知的功
夫。在格物窮理的過程中，心知把事事物物推出去，平置而爲心的所對，就
事事物物之然而推證其所以然。於是，格物所得的理乃是事物之然的所以然。
這種理只能作爲心氣所依從的標準，與心並非爲一。故此朱子所言的「理具
於心」乃表示認知的具，這種具意謂理是通過格物窮理之靜攝功夫而具於心

〔註3〕　參見牟宗三先生譯註：《康德的道德哲學》頁85。
〔註4〕　同上註，頁86。

中，是心知的認知地關聯地具，而非道德的本心之自發自律的「本具」。再者，心知在窮理致知的過程中，心知之明常默識理的超越的純然屬善，乃引發心氣凝聚向上，達致心靜理明之境。於是心氣之動乃全依理而動，而情之發亦得以發而中節，合於本然的理。進一步說，朱子這種通過格物窮理的功夫，使心氣依理而行的道德形態，由於心與理的關係乃是認知意義的關係，理具於心乃是認知上的賅攝，而不是道德主體的自主自定。由是，在朱子的理論中，根本沒有一獨立意義的道德主體，道德實踐的法則由認知心來建立，因此他這種道德乃屬「他律道德」形態。

再次，依東原「理在事中」的主張，「理」可作爲規範吾人行爲，以及使達情遂欲成爲可能的法則，理乃心之所對，與心截然爲二。就此而論，東原言「理在事中」與孟子「心即理」的看法已大有不同。在道德實踐方面，東原認爲「理」並非吾人隨意所決定，乃透過心知對事事物物施以條分縷析，微鑑密察而得的。而吾人之所以有這種能力，東原指出最重要的基礎乃是吾人內在的心性，他於《疏證》中云。

> 舉理，以見心能區分；舉義，以見心能裁斷〔註5〕
>
> 理義在事情之條分縷析，接於我之心知，能辨之而悅之，其悅者，
> 必其至是者也〔註6〕
>
> 心之神明，於事物咸足以知其不易之則，譬有光皆能照，而中理者，
> 乃其光盛，其照不謬也。〔註7〕

可見東原認爲吾人之所以能在事物、情勢，以及情感欲望中探取不易之「理」，主要乃在於「心」具有分析和裁斷的能力，其職能就好比神明發出光亮照物一樣，以察照事物的理則及規律爲目的。簡言之，心的作用乃以「認知」爲主。

關於心、性二者，在東原的義理系統中，「心」作爲區分別異的能力，其自身沒有獨立的地位，而是歸屬於「性」之下，東原說：

> 古人言性，但以氣稟言，未嘗明言理義爲性……人徒知耳之於聲，
> 目之於色，鼻之於臭，口之於味之爲性，而不知心之於理義，亦猶
> 耳目鼻口之于聲色臭味也。〔註8〕

〔註5〕參見《疏證》卷上〈理〉，頁3。
〔註6〕見《疏證》卷上〈理〉，頁5。
〔註7〕見《疏證》卷上〈理〉，頁7。
〔註8〕見《疏證》卷上〈理〉，頁6。

> 凡人行一事，有當於理義，其心氣必暢然自得；悖于理義，心氣必
> 沮喪自失，以此見心之于理義，一同乎血氣之于嗜欲，皆性使然耳。
> 〔註9〕

於此，東原明白指出，吾人具有心知通乎理義之能力，而此能力正如「耳目鼻口之于聲色臭味」，乃表示這以區別認知爲主要職能的「心知」能力，其實乃屬於「性」之使然，「心知」乃性之一端而已。

至於「性」，依東原的規定：

> 性者，分於陰陽五行以爲血氣、心知、品物，區以別焉。舉凡既生
> 以後所有之事，所具之能，所全之德，咸以是爲其本，故《易》曰
> 「成之者性也」。〔註10〕

可見「性」乃稟賦自陰陽五行而來，以血氣、心知、品物三者爲其主要內容，乃就人之本能及自然生命方面言。血氣指形體感官，心知指認知能力，品物則指對事物的品嘗鑑別，可見「心知」作爲一種認知爲主的功能，只是性之一端而已。析言之，東原所了解的心與性亦非本心即性的道德主體，而只爲「氣稟之性」與「認知心」，心知理義乃由氣稟之性所發，只是一種感性的取向，並無一定或必然性可言。換言之，在東原的道德學中，「心」及「性」俱不是相當於道德意志，具有獨立意義的道德主體，這種從認知心及氣質之性來建立實踐法則的道德，只能屬於「他律道德」。

復次，在「以情絜情」及「使人我之情得其平」的過程中，吾人內本吾人一己的情感欲望，外接別人的情感欲望，把人與己所發的情欲，同置於一平面上，然後施以心知的條分縷析，以己之情絜人之情，以己之欲絜人之欲，而後得出其中的「理義」，達致通人我之情，遂人我之欲。在這個過程中，一方面吾人之心知與一己的情感欲望乃在同一平面上，而非上下兩層的相對；另一方面，心知外接他人的情感欲望，則二者構成同屬一層、相對的橫攝關係。依此而論，以情絜情實質是以一己之情欲與他人之情欲相比對，其中涉及之比對乃屬外在之橫攝關係。換言之，心知不單要微鑑密察一己的情感欲望，更要外接他人的情勢，把別人的情感欲望，置於同一的平面上，施以微鑑密察，條分縷析，這才可以建立「使人我之情得其平」的行事準則。析言之，「理」作爲規範吾人行事的法則，並非由本心善意之自決以自定方向，乃

〔註 9〕見《疏證》卷上〈理〉，頁 7。
〔註10〕見《疏證》卷上〈性〉，頁 25。

需要外接他人，即從外在對象中尋求決定行為的法則，這樣當然乃屬「他律道德」之形態。

雖然東原與朱子同屬「他律道德」，然而二者對「理」的了解並不相同。東原之理乃通過心知對事物分析精察而得的規律，理就是事物自身的規律，並無然與所以然的異層相對。反之，朱子的理乃事物之然的所以然，乃形上的超越之理。而事實上，朱子的格物窮埋與東原的條分縷析亦是不同性質的活動，前者旨在從事物之然而推證其所以然，後者則志在辨察事物之然的規律。進一步說，東原的「理」乃是藉著心知或智的能力，通過認知作用從外在對象得來的事實規律，因此他這種法則可以說是知識意義的。而知識的所得與所察，乃無窮無盡的，而知識的內容亦可能有誤，無所謂完整。

其次，道德亦非知識內容所能決定的，因是東原這種道德法則，只能是「假然律令」。再次，由於東原認為心知向事物和事情精察微辨而得的理，是心之所同然，並且可以作為「以情絜情」的原則。而所謂以情絜情實質是以一己之情與別人之情相比對，以一己之心推證他人之心，以「己所不欲，勿施於人」作為行事原則，其中當然涉及一己之心與他人之心互相比對的外在關係。由於東原的心並非道德的本心，於是以情絜情只能以認知心對己之情與人之情的外在交接，施以精察辨析，以得出其中的規律，作為行事的準則。故此，以情絜情之所以可能乃完全建立在心的認知作用之上。換言之，這是以知識作為指導行動的原則，並無道德的必然性可言。

經以上的比對，可以發覺孟子的道德乃是「自律道德」，本心善性就是能自我立法的道德主體，而「理」是由本心所制定的法則，既非由外面所強加，亦非向外在事物中求取，因此孟子言本心性善即涵道德主體的自我立法，亦即自律。反之，朱子與東原所言的理雖然有所區別，前者為「性即理」，後者為「事物之理」；然而，二者之理作為行為活動所當依從的標準，都是以心的認知作用向外求取的。換言之，二者所言之理，皆與心相對為二，而道德律則既然外在於心，自然屬「他律道德」。再者，由於在朱子與東原的理論中，都沒有先天的「本心即性」的道德主體，於是道德實踐只能分別落在涵養省察與察之幾微的後天功夫上。因此綜合而論，朱子與東原都是主智的道德形態，以知識來規範道德，是以在成德的功夫上都有所欠缺，道德的發動力量亦有所不足，二者可以說都是漸教的形態。

第三節 從知識的角度看孟子、朱子、東原三者的理

在孟子、朱子、東原三者之中,除孟子的「心即理」乃純屬道德意義的理,與知識並無直接的關聯之外。其餘朱子之「性即理」雖然本為存在之理,但由於它是通過認知心的即物窮理,由存之然而推證其所以然的認知方式而把握。因是朱子的「存在之理」乃似乎與知識頗有關係,須要進一步闡釋。另一方面,東原的事物之理乃是以心知對事事物物,施以分析精察而得出的,明顯為「形構之理」,與知識應該有較密切的關係。然則,三家對待「理」的態度,能否成就經驗知識?本節乃從知識的角度,比對三者在知識問題上的分際和限度。

在「存在之理」,「實現之理」,以及「形構之理」三者當中,祇有「形構之理」作為事物之所然的理,是以經驗知識的歸納為基礎,因此也可以說是「歸納普遍化之理」。而歸納普遍化之理主要是以認知心,施於存在之然自身之曲折內容上,藉著分析、別異、和類比的推理活動而得出的。因是形構之理乃屬類概念,可以透過定義的方式來表示,亦可成就經驗知識。再者,由於這種理是藉歸納普遍化而得出的,因是其本身乃是或然的,並無必然性可言。〔註11〕

首先,孟子的「心即理」由於是德性主體自主自定而建立的道德法則,純屬道德意義的「存在之理」,而非「形構之理」。因此從其義理性格來看,與知識並無直接的關係。是以,假若孟子的德性本心,要成就經驗知識的話,乃必須自覺地作自我的坎陷,從道德本心「與物無對」的德性主體,轉為認知心「與物有對」的知性主體。這樣才有可能在主客對列的模式下,展開認知活動以成就經驗的知識。〔註12〕

至於朱子方面,「性即理」乃存在之理,而非形構之理,是以朱子的理與知識亦無直接的關係。存在之理本來是從存在之然推證其所以然而得出的,它的推證並不是定於事物自身之曲折之相上,而窮究其形構之理以成就知識,乃是越過事物本身的曲折,而窮究其超越的、形而上的所以然之「存在之理」,其自身乃是定然和必然的。因此朱子之理並非經驗知識,亦非藉歸納普遍化的活動而得。事實上,朱子的理雖然是要通過「格物窮理」的認知方式而把握,可是它的歸趨仍然是道德實踐的,理乃是作為吾人行動的道德法

〔註11〕同註一,參閱頁 101。
〔註12〕參閱牟宗三先生著,《從陸象山到劉蕺山》,頁 245～265。

則，所以並不具備積極的知識意義。析言之，朱子之理並非「形構之理」，然而由於其乃通過格物窮理的方式而把握，重視對一事一物的窮格；而且在格物的活動中，心知與物二者爲平置對列的認知方式，乃隱含有成就知識的可能。因此，只要朱子順即物窮理的方式，定於存在之然自身的曲折之相上，對特殊事物本身內部的性質、關係等施以分析察辨，窮究事物本身的曲折之相，這樣亦可以順通而成就經驗知識。

　　至於在東原方面，由於「事物之理」是以心知對事事物物的曲折，施以條分縷析微鑑密察而得出的。更且這理純粹爲事物本身的性質規律，並無然與所以然的異層區別。因是這種理與「形構之理」的性格可謂完全一致，應該具有積極的知識意義。然而，東原正如朱子一樣，把心知向外求取的「理」作爲行動的準則。換言之，他這種做法是把形構之理作爲道德的標準，以知識來指導道德，於是形構之理原有的知識意義反而並不彰顯。以下先看看東原對知識有怎樣的看法：

> 然聞見不可不廣，而務在能明於心。一事豁然，使無餘蘊，更一事
> 而亦如是，久之，心知之明，進於聖智，雖未學之事，豈足以窮其
> 智哉！……心精於道，全乎聖智，自無弗貫通，非多學而識所能盡；
> 苟徒識其迹，將日逐於多，適見不足。〔註13〕

就這段話，可見東原認爲經驗知識的聞見，目的乃在於使心知達於精明，進於聖智之境。而且一旦「心精於道，全乎聖智」，便可以不待後天的見聞。由此可見，東原認爲知識的作用乃在於成德，而對知識自身的價值根本並沒有肯定。故此，東原的事物之理雖然是形構之理，可是並未能分辨出知識與道德的分際，亦未有眞正重視知識的價值。而且，在東原的理論中，亦未有一套明確的知識論和方法學。雖然如此，但由於東原的理乃是「形構之理」，其條分縷析的對象乃定在事事物物之曲折之相上，故此這種方式根本就是徹底的認知主義。因此，只要能清楚區別道德與知識的分際，把道德歸道德，知識歸知識；這樣，以東原「形構之理」爲底子的認知方式，是可以成就經驗知識的。而事實上，與孟子和朱子相比，東原的形構之理與知識的關係最爲接近，要成就知識亦無須像孟子和朱子，要經過曲折的轉接過程。是以在三家當中，東原的「事物之理」是最容易成就經驗知識的。

〔註13〕見《疏證》卷下〈權〉，頁55。

第四節　東原思想應有的地位與評價

誠然，從孟子和朱子的立場來看，東原對孟子的詮釋和對朱子的批評都可以說是不盡諦當的。雖然如此，但從東原對理、心、性、欲、情的了解，達情遂欲的主張，以及氣化流行的天道觀來看，他的思想卻是自成一家之言，在道德和知識的問題上，都有自己獨特的見解。然則，東原的思想在儒學之中，究竟應該佔有怎樣的地位？

首先，由於東原的思想極為重視心知的認知作用，以知識來指導道德，而規範行為的「理」亦是「形構之理」，因此東原基本可以說是「以智成德」，是一種「主智論」的立場。原初朱子的「性即理」作為道德的法則乃屬於「存在之理」，是通過格物窮理的功夫，從事物之然推致其所以然而得出的。然而「存在之理」作為存在之所以然，對現實存在的特殊情態不免了解有所不足，因而吾人在依存在之理而發為行動時，便往往會頓感茫然，不知從何下手。而東原「重智」的道德觀，強調對現實的特殊情境，施以條分縷析，對事事物物要微辨細察。因是，這種對特殊情境精察細辨而得的「形構之理」作為吾人行動的準則，可以為吾人的行動提供一定的方案或指標，使吾人依理行動時，有一定的現實途徑可以依從。進一步說，對現實情狀有具體的了解，可以使道德行為的發動能泛應存在的種種曲折，而不致茫無頭緒。這可以說是東原「主智論」道德觀的積極作用。〔註14〕

其次，由於東原認為吾人之性只得「氣稟之性」一層，由是乃有「達情遂欲」的主張，認為道德應從人性的自然之質出發，重視現實人生的正常欲求。他這種形態的道德觀可以說是「經驗主義」的，和西方「快樂主義」的道德比較接近，而與傳統儒家以「理性主義」為基礎的道德截然不同。由於傳統儒家的道德觀，基本是從豁醒人人皆具有道德實踐的能力，以及強調人人藉著道德實踐，皆可成聖成賢的理想方面著眼。因此認為人性的自然欲求衹有負面的意義，而且對道德實踐只會起牽制的作用，由是對現實人生欲求的關注是較為忽略的。反之，東原的道德觀肯定人性的自然之質，強調要滿足人的自然欲求，重視現實人生的需要，他這種觀點對傳統儒家在這方面的忽略，是可以起均衡的作用。

再者，由於傳統儒家向來以「德性主體」為主綱，重視道德的修養以及

〔註14〕關於「形構之理」對「存在之理」的順成作用，參閱《心體與性體》，頁109〜110。

成己成物，因而只能成就「內聖之學、成德之教」的道統；而「知性主體」的作用一直以來都未能充份透顯，亦未能開出「知識之學」的學統。而今天儒家在朝向現代化的道路上，在著重「德性主體」的同時，亦必須重視「知性主體」的作用。換言之，重視經驗知識，以及開出科學，乃儒學當前應致力的方向，而如何能成就知識亦是迫切的課題。東原主智論的立場，無疑在道德的問題上與正統的儒家有所分別，然而他的泛認知主義的態度，與儒學中的荀子和朱子是最為接近的。況且，東原對「理」的了解大體乃屬於「形構之理」，與經驗知識極之相近。誠然，東原本身雖然並未自覺要成就經驗的知識，而學問功夫亦主要落在訓詁考據之學。然而假若能順通東原主智論的立場，進一步明辨知識和道德的分際，重視對現實世界的器物和事情施以條分縷析，微鑑密察，從具體事物的研究中，增進對事物的了解，進而把握事物的「分理」，相信是可以提供成就「經驗知識」之線索的。

參考書目

（甲）

1. 朱熹著：《詩集傳》，台北，中華書局，1973 年。
2. 王先謙著：《詩三家義集疏》，北京，中華書局，1987 年。
3. 鄭玄疏：《禮記正義》，台北，新興書局，1964 年。
4. 楊伯峻著：《春秋左傳注》，北京，中華書局，1983 年。
5. 朱熹著：《四書章句集註》，北京，中華書局，1983 年。
6. 段玉裁註：《說文解字註》，台北，宏業書局，1973 年。
7. 楊伯峻著：《孟子譯註》，北京，中華書局，1982 年。
8. 趙歧著：《孟子趙註》，台北，新興書局，1864 年。
9. 楊祖漢著：《孟子義理疏解》，台北，鵝湖雜誌社，1983 年。
10. 焦循著：《孟子正義》，北京，中華書局，1979 年。
11. 孫詒讓著：《墨子閒詁》，北京，中華書局，1986 年。
12. 郭慶藩著：《莊子集釋》，北京，中華書局，1978 年。
13. 王先謙著：《荀子集解》，北京，中華書局，1988 年。
14. 梁啓雄著：《韓子淺解》，北京，中華書局，1961 年。
15. 周敦頤著：《周敦頤集》，北京，中華書局，1990 年。
16. 張載著：《張載集》，北京，中華書局，1978 年。
17. 程顥、程頤著：《二程集》，北京，中華書局，1981 年。
18. 朱熹著《朱子大全》，台北，中華書局，1970 年。
19. 黎靖德編《朱子語類》，北京，中華書局，1986 年。
20. 陸九淵著：《陸九淵集》，北京，中華書局，1980 年。

21. 黃宗羲著：《宋元學案》，北京，中華書局，1986 年。
22. 王陽明著：《王陽明全書》，台北，正中書局，1976 年。
23. 戴震著：《孟子字義疏證》，北京，中華書局，1982 年。
24. 戴震著：《戴震文集》，北京，中華書局，1980 年。
25. 楊向奎著：《清儒學案新編‧第一卷》，山東，齊魯書社，1985 年。
26. 章太炎著：《章太炎選集》，上海，上海人民出版社，1981 年。

（乙）

1. 唐君毅著：《中國哲學原論‧導論篇》，台北，學生書局，1980 年。
2. 唐君毅著：《中國哲學原論‧原性篇》，香港，新亞研究所，1962 年。
3. 唐君毅著：《中國哲學原論‧原教篇》，台北 學生書局，1977 年。
4. 牟宗三著：《心體與性體》，台北，正中書局，1979 年。
5. 牟宗三著：《從陸象山到劉蕺山》，台北，學生書局，1979 年。
6. 牟宗三著：《中國哲學的特質》，台北，學生書局，1980 年。
7. 牟宗三著：《中國哲學十九講》，台北，學生書局，1983 年。
8. 牟宗三著：《圓善論》，台北，學生書局，1985 年。
9. 牟宗三譯著：《康德的道德哲學》，台北，學生書局，1982 年。
10. 徐復觀著《中國思想史論集》，台北，學生書局，1981 年。
11. 錢穆著：《中國近三百年學術史》，北京，中華書局，1984 年。
12. 勞思光著：《中國哲學史》，香港，友聯出版社，1980 年。
13. 蔡仁厚著：《孔孟荀哲學》，台北，學生書局，1984 年。
14. 蔡仁厚著《宋明理學》，台北，學生書局，1983 年。
15. 錢穆著：《朱子新學案》四川，巴蜀書社，1986 年。
16. 范壽康著：《朱子及其哲學》，北京，中華書局，1983 年。
17. 劉述先著：《朱子哲學思想的發展與完成》，台北，學生書局，1984 年。
18. 楊祖漢著：《儒學與康德的道德哲學》，台北，文津出版社，1987 年。
19. 余英時著：《戴震與章學誠》，香港，龍門出版社，1976 年。
20. 陳來著：《朱熹哲學研究》，北京，中國社會出版社，1987 年。
21. 葛榮晉著：《中國哲學範疇史》，北京，黑龍江人民出版社，1987 年。
22. 張立文著：《中國哲學範疇史（天道篇）》，北京，人民大學出版社，1988 年。

（丙）

1. 岑溢成著：〈孟子告子篇之「情」與「才」論釋〉，台北，《鵝湖月刊》五十

八及五十九期

2. 李明輝著：〈儒家與自律道德〉，台北，《鵝湖學誌》，第一期。

3. 李明輝著：〈孟子與康德的自律倫理學〉，台北，《鵝湖月刊》一五五期。

附錄 形構之理與他律道德
——戴震道德學的省察*

周國良

一、引 言

　　對傳統中國哲學思想觀念作出適切的理解、把握、疏導和詮釋，可以說是重建中國哲學的首要工作。在這方面，牟宗三先生在數十年的研究過程中創獲甚豐，無論在系統的分判、觀念的詮釋，以至思想的開展方面，都有重大的建樹，也可以說是創建了自己一套的哲學體系和哲學語言。

　　在宋明儒學思想的詮釋工作中，牟先生爲呈顯各家思想的義理性格以及分判各家思想系統的差別，提出兩對十分重要的區分，分別就是「存在之理」和「形構之理」，以及「自律道德」和「他律道德」的比對。前者區別「理」之兩種不同形態，後者則判別兩種不同性格的道德學。〔註1〕

　　儒學發展至清代中葉，隨著乾嘉學派的出現，學風爲之一變。在主要的思想家當中，戴東原以批評宋儒之學見稱。他從訓詁考據的立場出發，提出「事物之理」的觀點，以針砭宋儒的「性理」之學。依牟先生的看法，宋明儒所言之理，不論周、張、程、朱、陸、王，俱屬於「存在之理」。〔註2〕然

---

* 本文初發表於 1995 年 12 月中央大學哲學研究所，東方人文學術研究基金會及鵝湖雜誌社合辦之 "牟宗三先生與中國哲學之重建" 學術研討會。後刊載於《牟宗三先生與中國哲學之重建論文集》，台北，文津出版社，1996 年。

〔註 1〕 有關牟先生對這兩種區分的闡述，參閱：《心體與性體》，第 1 冊（臺北：正中書局，1987 年），頁 87～189。

〔註 2〕 關於宋明儒對「理」的體會，依牟先生的看法，在周、張、程、朱、陸、王諸大儒中，雖則伊川、朱子主張通過「格物窮理」的認知方式而把握性

則東原既對宋儒，尤其是朱子所言之理有所批評，那麼究竟他提出的「事物之理」乃屬「存在之理」，還是「形構之理」？再者，牟先生認爲在宋明諸儒之中，伊川、朱子的道德形態較爲特殊，屬於「他律道德」，有別於與其他大宗的「自律道德」形態。東原既批評朱子的理學，那麼究竟他所提出的道德乃屬於「自律」，還是「他律」？本文就是以牟先生上述兩個區分作爲判準，透過對東原思想內部，尤其是有關「理」的闡釋，試圖回答上述兩個問題，並且藉以對東原的道德學作出初步的省察。〔註3〕

東原的哲學著述以《原善》及《孟子字義疏證》（省稱《疏證》）較爲重要，而以《孟子私淑錄》及《緒言》爲輔。〔註4〕從發生學的角度來看，只要比較東原前後期的哲學論述，就可以發覺在東原的思想系統中，「理」的地位隨著思想的發展而顯得越趨重要，成爲東原思想系統中的主導概念。在《疏證》書中，「理」字一條的論述幾佔全書的一半，而在《疏證》的末定稿《緒言》和《孟子私淑錄》中，有關「理」字的討論只佔全書數條，而且內容亦多所重複。至於早期的《原善》，東原論「理」多以「條理」並稱，「理」並未成爲獨立概念。換言之，東原對「理」的看法，大體應以《疏證》的觀點作準，而且亦最爲成熟，可說是綜合了早期《原善》、《緒言》及《孟子私淑

理，因而可被誤會爲「形構之理」。然而二人對「理」的了解在大方向上大體與周、張、陸、王及明道無異，俱爲「存在之理」，而非「形構之理」。當然周、張、陸、王及明道所體會之「存在之理」乃是「即存有即活動」的；反之，伊川及朱子所體會之「存在之理」則爲「只存有而不活動」的。而基於伊川及朱子所體會之「理」爲「只存有而不活動」的，由是他們所提出的亦爲「他律道德」，而與周、張、陸、王及明道的「自律道律」有所分別。關於牟先生對上述問題的闡述，參閱其《心體與性體》，第1冊，頁87～189。

〔註3〕牟先生在第一部的哲學著述《周易的自然哲學與道德函義》中，曾論及東原的道德哲學。是其時，牟先生的立論一方面旨在闡明東原所言之「理」的性格及道德意涵，另一方面亦藉此衡定胡適論東原哲學的不足。對於東原的「理」，本文在分析中亦有參考牟先生早年的觀點，但在判別東原的道德學及「理」之形態時，則純粹以牟先生晚年思想體系圓熟的看法爲準。參閱其《周易的自然哲學與道德函義》（臺北：文津出版社，1988年），頁142～165。

〔註4〕在東原的著述中，《孟子私淑錄》和《緒言》，就其內容及創作先後之次序而論，乃屬《疏證》的初稿及次稿。而《私淑錄》的內容除一兩條外，餘者均爲《緒言》所繼承。至於《緒言》全書，重要的章節亦大部分轉錄於《疏證》中。故此本文乃以《疏證》爲主要的討論對象，而在有需要交代東原思想發展的脈絡時，方以《緒言》作補充說明。

錄》的見解後，而作出的最後總結。因是本文亦主要以《疏證》作為基本的
討論對象。

二、理之本訓

　　戴震身為乾嘉學派的重鎮，以考據訓詁之學知名於世，他對哲學概念的
了解和詮釋，所採取的基本可以說是訓詁學的進路。這種分析特別側重對每
一概念作字源以及字義的考究，對每一字的本義、引伸義，以及在古代經籍
中的用法，加以詳細的考證訓釋，然後才確定該概念的實義。以下我們將首
先看看東原在《緒言》怎樣透過訓詁的方法對「理」作出詮釋：

> 凡物之質，皆有文理，粲然昭著曰文，循而分之、端緒不亂曰理。
> 故理又訓分，而言治亦通曰理。理字偏旁從玉，玉之文理也。蓋氣
> 初生物，順而融之以成質，莫不具有分理，則有條而不紊，是以謂
> 之條理。……理字之本訓如是。〔註5〕

從「理」字本身的字形來看，「理」字偏旁從玉，意指玉石身上的紋理。不獨
玉石身上具有紋理，「凡物之質，皆有文理」正表示事事物物都具有自身的紋
理。而在玉石和事物身上的這些紋理，從事物或玉石形成為一定的物質開始，
本身便已具有一定的肌理構造，這就是「分理」，而這些分理有條而不紊亂，
便就是「條理」。是以「理」不獨可表示玉石身上的紋理，亦可引伸泛指事事
物物的分理和條理。東原指出「理」除可表示上述靜態義的「事物之理」外，
亦可作動態義的詮釋。所謂「循而分之，端緒不亂曰理。故理又訓分，而言
治亦通曰理」，正表示依順事物本身的紋理，對事物施以「區分」、「析別」和
「治理」的理智活動，也可以說是「理」。是以東原對「理」所作的詮釋包括
了靜態及動態兩面。而依順這種詮釋觀點為基礎，東原在《疏證》一書開宗
明義，對「理」便有這樣的規定：

> 理者，察之而幾微必區以別之名也，是故謂之分理。在物之質，曰
> 肌理，曰腠理，曰文理；得其分則有條而不紊，謂之條理。（頁151）

正如《緒言》所論，「理」一方面可就事物本身固有的特質及規律而言，因而
有「肌理」、「腠理」及「文理」等名稱。但是在另一方面，「理者，察之而幾
微必區以別之名也」意謂「理」本身也表示一種對事物和事情施以條分縷析、

〔註5〕有關戴東原著述的徵引，主要參考《戴震全集》第1卷（北京：清華大學出版
　　　社，1994年）。此處引文見於頁69，以後引文只標頁數，不煩再註。

微鑑密察的理智活動。進一步說，「理」作爲一種理智活動，強調對事物要區分、區別和精察。而「分理」就是對事物施以剖析和區別之後所得的規律，也可以說是事物之所以可分別及相異的根據。故東原援引《中庸》「文理密察，足以有別也。」及《說文解字・序》「知分理之可相別異也。」以作佐證。至於事物之間有了區別而又秩序井然，互不混亂就是「條理」。因是東原所了解的「理」主要是針對事物本身而言的，所謂「事物之理，必就事物剖析至微而後理得」。再者，「理」作爲一種強調區分和別異的活動，它對事事物物進行「察之幾微」之分析，目的是在於找出事物本身的分理和條理，藉以加深對事物的認識和理解，以達致「有條不紊」。

由此可見從《緒言》到《疏證》，東原對「理」的看法基本是保持一貫的，他通過訓詁學的方法，一方面把「理」詮釋爲靜態義的事物之「條理」或「分理」，另一方面「理」亦具有動態的一面，表示「區別」和「分析」的理智活動，重視對客觀事物認識，以藉此把握客觀事物的規律。

三、理爲不易之則及氣之必然

根據東原的詮釋，「理」之本訓表示事物的「分理」及「條理」；然而「理」除可實然地表示事物本身的條理分理之外，更可以類推引伸至泛指天地、人物，以至事情之間，具有一定必然性的、本身不變之「規律」。東原在《緒言》云：

> 理字之本訓如是。因而推之，舉凡天地、人物、事爲，虛以明夫不
> 易之則曰理。所謂則者，匪自我爲之，求諸其物而已矣。（頁69）

天地、人物、事爲都是客觀存在的物事，而「理」之所以能進一步引伸表示這些客觀存在物事的不易之則或規律，並不是我們自己隨意而爲的。「所謂則者，匪自我爲之，求諸其物而已矣」，東原認爲這是完全基於我們能夠對事事物物施以「察之幾微」的分析辨察活動，從中認識和把握到事物內部的規律條理所致。因是東原在《疏證》補充：

> 以秉持爲經常曰則，以各如其區分曰理。（頁153）

> 舉理，以見心能區分……分之，各有其不易之則，名曰理。
> （頁153）

可見事物和事情經過符合實情、恰如其分的區分和別異之後，所得出的不變規律，才是我們可以常常遵守和依從的不變法則。對於「不易之則」，東

原援引《詩經‧大雅‧烝民》：「天生烝民，有物有則；民之秉彝，好是懿德」
作疏釋。而其中用作解釋「不易之則」的關鍵語「有物有則」，東原有這樣的
分析：

> 天地、人物、事爲，不聞無可言之理者也，《詩》曰「有物有則」是
> 也。物者，指其實體實事之名；則者，稱其純粹中正之名。實體實
> 事，固非自然，而歸於必然，天地、人物、事爲之理得矣。夫天地
> 之大，人物之蕃，事爲之委曲條分，苟得其理矣，如直者之中懸，
> 平者之中水，圓者之中規，方者之中矩，然後推諸天下萬世而準。
>
> （頁 163～164）

所謂「有物有則」乃表示事事物物都具有各自的內在規律，故此「天地、人
物、事爲，不聞無可言之理者也」。而「物」作爲自然的客觀存在，本身是實
然的實體實事。至於「則」之所以純粹無偏差，是因爲人們要求自己從實體
實事的客觀存在中，進一步探求其必然的規律。東原認爲無論天地、人物、
事爲所涉及的情狀如何複雜多變，只要我們能辨察分析其中的曲折條分，便
能從自然歸於必然，把握個中內在的不變規律。這種從自然進至必然的「理
則」，具有一定的普遍性和必然性，好比量度事物的規矩，其準則可放諸四海
而皆準。

依東原的理路，「理」既然表示事物的必然規律，我們可以進一步提出一個
問題：究竟東原的「理」，是內在於事物之中的不易之則，還是離開事物而存在
的抽象規律？從另一個角度說，這問題實質涉及東原對理氣關係的看法。到底
東原認爲「理」是氣中之理，還是理氣二分，二者爲不同層級的存在。

從《緒言》到《疏證》，東原的形上學立場基本認爲天道純粹是一個氣化
的過程，其中形上形下只是表示氣化過程的不同階段，並沒有超越本體和實
在世界兩層比對的意味。換言之，天地萬物的生化純爲一氣化流行、生生不
息的歷程，而在這個氣化流行的歷程之外，並無形上的本體和主宰可言。故
此東原的天道觀可以說是一種「唯氣論的天道觀」，天地萬物純粹由一氣化
成，其中形而上的「理」並非形而下萬物的主宰，亦無所謂「理生氣」。順此，
於是「理」作爲天地、人物、事爲的不易之則，亦不能離開「氣」而存在。

> 問：「道之實體，一陰一陽，流行不已，生生不息，是矣。理即於道
> 見之歟？」
>
> 曰：「然。古人言道，恆該理氣：理乃專屬不易之則，不該道之實體。」

（頁 68）

東原指出天道本身實質是一個由一陰一陽變化衍生的氣化過程，而「古人言道，恆該理氣；理乃專屬不易之則，不該道之實體」乃表示「理氣」都包含在「道」的氣化過程之中，而「理」是氣化過程中的不變規律，而並非「道」之本體。由是，理氣二者的關係亦應這樣了解：

> 陰陽流行，其自然也；精言之，期於無憾，所謂理也。理非他，蓋其必然也。（頁 67）

陰陽流行就是「氣」，亦即所謂「自然」；而「理」則是陰陽流行中的「必然」，也就是氣化過程之中的必然規律。故此「就天地、人物、事為求其不易之則是謂理」，正表示我們在天地、人物、事為的氣化流行過程中，從自然進而求其不易之則以歸於必然，所得出的「理」乃是「氣」之必然。因是理氣二者的關係是「理在氣中」，理不能離開氣而存在。

四、道德規範之理

復次，東原對「理」的了解除卻就事物之條理、以及事物和事情的必然規律而言之外，亦具有道德的規範意義，可作為判別吾人行為合理與否的準則。東原在《緒言》云：

> 理也者，天下之民無日不秉持為經常者也……凡言與行得理之謂懿德，得理非他，言之而是、行之而當為得理，言之而非、行之而不當為失理。（頁 69～70）

東原在此初步指出吾人言行之所以能言之而是、行之而當，原因在於言與行皆能合於「理」。換言之，「理」乃是吾人一言一行的準則，在行為實踐中具有道德規範的作用。然而，究竟「理」在什麼分際上，對吾人的行為可以起規範的作用。東原在《緒言》並沒有詳細討論，這要發展到《疏證》，在論及「情與理」和「理與欲」的問題中，方有較深入的探討。東原云：

> 理也者，情之不爽失也，未有情不得而理得者也。（頁 152）
>
> 情得其平，是為好惡之節，是為依乎天理。（頁 152）
>
> 人倫日用，聖人以通天下之情，遂天下之欲，權之而分理不爽，是謂理。（頁 203～204）

這裏爽失是差失的意思，而無爽失是因為吾人的欲求無過無不及。是以東原認為吾人之情感欲望能達致滿足而又無所過當的話，這樣就是合於「理」。而

情感欲望之好惡能有恰當的節度，能得到持平的處理，所謂達情遂欲，權之而分理不爽，這就是合於「天理」。故此「理」正就是使情得其平，以及欲得所遂的規範原則。可見「理」除卻可表示「事物之條理」和「不易之則」外，也可以作為倫理及道德的法則，對吾人的行為可以起規範的作用。首先在情與理方面，東原說：

> 理也者，情之不爽失也，未有情不得而理得者也。凡有所施于人，反躬而靜思之：人以此施于我，能受之乎？凡有所責於人，反躬而靜思之：人以此責于我，能盡之乎？以我絜之人，則理明。天理云者，言乎乎自然之分理也。自然之分理，以我之情絜人之情，而無不得其平是也。（頁 152）

東原指出情感欲望之所以能不爽失，乃在於能依循「自然之分理」。而我們之所以能順隨自然之分理行事，主要乃是基於「以情絜情」的原則，使我們能做到「以我絜之人，則理明」以及「以我之情絜人之情，而無不得其平」的境界。具體而言，以情絜情就是透過「己所不欲，勿施於人」的「恕」以及「絜矩之道」的原則來達致。然則何謂「以情絜情」，東原接著有這樣的說明：

> 子貢問曰：「有一言而可以終身行之者乎？」子曰：「其恕乎！己所不欲，勿施於人。」《大學》言治國平天下，不過曰「所惡于上，毋以使下；所惡于下，毋以事上」，以位之卑尊言也；「所惡於前，毋以先後；所惡於後，毋以從前」，以長于我與我長言也；「所惡於右，毋以交於左；所惡於左，毋以交於右」，以等於我言也。曰「所不欲」，曰「所惡」，不過人之常情，不言理而理盡于此。惟以情絜情，故其於事也，非心出一意見以處之，苟舍情求理，其所謂理，無非意見也。（頁 155）

在不同分際的情況下，之所以都可用「己所不欲」的原則來處事，東原認為是因為「己所不欲」合於人之常情。當然處事要做到合乎人之常情，一定要設身處地，從他人的角度，為他人設想，亦即所謂「以己之情絜人之情」。而以情絜情之所以可行，當然不是以一己隨意決定的意見來行事，而是基於吾人具有區分和識別的能力，這種能力可在吾人每實踐一行為時，對自己所作的決定、所牽涉及別人的事物和情勢，以及一己的情感欲望，施以條分縷析，審察微辨，進而找出行事所應守的分理。這種經過上述考慮所得的分理，不再是隨意決定的意見，乃是「人心之所同然」。而且這種考慮也就是東原所謂

「反躬者,以人之逞其欲,思身受之之情也。情得其平,是爲好惡之節,是爲依乎天理」。換句話說,由於「理」是人心之所同然,因此「以情絜情」以及「以我絜之人,則理明」才所以可能,而吾人每一言一行才可以達致「以情絜情無爽失,於行事誠得其理矣」的境界。

「理」除卻在情與理方面可以作爲「情之不爽失」的原則外,其次在「理與欲」的問題方面,亦可作爲「通情遂欲」的原則。關於理欲的問題,東原云:

> 曰:性,譬則水也;欲,譬則水之流也。節而不過,則爲依乎「天理」,爲相生養之道,譬則水由地中行也;「窮人欲」而至於有「悖逆詐僞之心,有淫佚作亂之事」,譬則洪水橫流,汎濫于中國也。聖人教之反躬,以己之加于人,設人如是加於己,而思躬受之之情,譬則禹之行水,行其所無事,非惡汎濫而塞其流也。……言性之欲之不可無節也。節而不過,則依乎天理;非以天理爲正,人欲爲邪也。天理者,節其欲而不窮人欲也。是故欲不可窮,非不可有;有而節之,使無過情,無不及情,可謂之非天理乎!(頁161~162)

東原主要認爲「天理爲正,人欲爲邪」的觀點是不對旳。「欲」本身是吾人常有之情感欲望,是人性的自然,根本不應排斥,亦不可能完全排斥。是以「欲不可窮,非不可有;有而節之,使無過情,無不及情」才是正確的態度。換言之,「欲」不可無,衹要有節制就是了。對於不正當的或過分的情欲,我們應加以節制,但卻不是排除一切欲望。然而「情感欲望」要怎樣滿足,才算是合理和適當呢?東原所說的「聖人教之反躬,以己之加於人,設人如是加於己,而思躬受之之情」的道理,實則就是「以情絜情」的原則。故東原云:

> 遂己之好惡,忘人之好惡,往往賊人以逞欲。反躬者,以人之逞其欲,思身受之之情也。情得其平,是好惡之節,是爲依乎天理。(頁152)

因是不論「情得其平」或是「通情遂欲」,二者之所以可能都是在於背後的「理」對我們的情感欲望起著規範的作用。而進一步說,結合這兩方面的論證,可以看出其中的相互及主從關係。首先,「以我之情絜人之情」以及「己所不欲」的反躬活動,之所以能使吾人的一言一行達致「情得其平,是爲好惡之節,是爲依乎天理」,以及「理也者,情之不爽失也」的境界,是基於吾人以「理也者,察之而幾微必區以別」的理智活動,對客觀的事物、情勢,以及一己

的情感欲望施以條分縷析、微鑑密察所達致的。而這種通過條分縷析所得的規律正就是「天理」或「分理」。進一步說，由於「天理」和「分理」是通過吾人的分析辨察活動而得出的，並不是一己隨意決定的「意見」，因此可以說是「心之所同然」。而達致「心之所同然者，理也」也就是等於達到「情之不爽失」以及「通天下之情，遂天下之欲，權而分理不爽，是謂理」的境界。故綜合而論，「理」作為道德規範之法則，是「情之不爽失」及「情通欲遂」之所以可能的主要理據。

五、「理」為形構之理

綜合上文的辨析，我們可以發見「理」作為東原思想中的主導概念，可有三方面的作用：

  （一）「理」的本義表示對事物及事情施以條分縷析、微鑑密察的一種理智活動。

  （二）「理」的本義原初表示事物自身的規律及特質，由此類推可引伸泛指天地之間，萬事萬物內在的不變規律，具有必然性。

  （三）「理」亦可引伸作為吾人言行的法則，具有道德的規範作用，可用以判別行為是否恰當的標準。

比對上述「理」這三種不同分際的作用，可見東原的「理」論，是以靜態義的「事物之分理」作為底子，然後引伸到表示事物「不易之則」的理以及「情之不爽失」之理的。至於動態義之「治理」則是使「不易之則」的理以及「情之不爽失」的理之所以能達致的理智活動。就此而論，然則東原所言之「理」，究竟是「形構之理」還是「存在之理」？

據牟先生的看法，「形構之理」作為事物的規律或所以然，綜合而論，具有以下幾點特質：

  （一）形構之理是「類概念」，亦是個「知識」概念。

  （二）形構之理是現象學的、描述的所以然，物理的、形而下的所以然，內在於自然自身之同質同層的所以然，而非「存在之理」的形而上的、超越的、本體論的、推證的、異質異層的所以然。

  （三）形構之理只負責描述與說明，不負責創造與實現。〔註6〕

首先就東原所謂「在物之質，曰肌理，曰腠理，曰文理：得其分則有條

─────────

〔註 6〕參閱其《心體與性體》第 1 冊，頁 87～100。

而不紊，謂之條理」的「事物之理」來看，這種「理」顯然主要是著眼於客觀事物的形式相狀而言。而且這種通過對事物施以剖析和區別所得的規律，也是事物之所以可分別和相異的根據。是以這種「理」可以說是現象學的、描述的所以然，亦是具有知識意義的「類概念」。換言之，這種強調區分和別異的「事物之理」乃屬於「形構之理」。

再次，就事物「不易之則」或「不變規律」而言的「理」，其本身乃是由心知對事事物物施以條分縷析、微鑑密察而後得出的。而根據東原「理為氣之必然」和「理在事中」的看法，這種「理」作為事物的規律或所以然，並不能離開事物而存在。因是，東原這種藉心知對事物條分縷析而得的理，雖然是事物之所以然，但乃是描述的、形下的、內在於自然自身之同質同層的所以然。這種理並無然與所以然的異層相對，只純粹為「事物之然」或「氣之必然」的規律，乃同樣屬於「形構之理」。

至於使「情之不爽失」及「人我之情得其平」的理，本身乃是基於吾人以「理者，察之幾微，必區以別」的心知活動，對客觀的事物、情勢，以及一己的情感欲望施以條分縷析、微鑑密察所達致的。而這種通過條分縷析所得的規律作為「天理」或「分理」，由於是通過吾人的分析辨察活動而得出的，並不是一己隨意決定的「意見」，因而可以說是「心之所同然」。但正如東原所說「欲，其物；理，其則」，「欲」是自然，而「理」是自然歸於必然，此中，「理」作為規範情感欲望的所以然，與自然的情感欲望乃是同質同層的，並無然與所以然的異層相對。進一步說，這種「理」對吾人道德實踐所起的大抵是靜態的規範作用，而不能起道德創造之用。是以，這種作為道德的「理」，亦是屬於「形構之理」，而非「存在之理」。

六、心知理義與他律道德

依上文所論，雖然東原所言之「理」既是事物的不易之則，亦具有道德的規範作用，然而以其本身的性格而論，乃屬「形構之理」而非「存在之理」。然則，東原這種以「形構之理」作為規範原則的道德學，究竟是「自律道德」，還是「他律道德」？

依牟先生的立場，判別「自律道德」或「他律道德」的標準，主要是根據以下的準則：

第一個原則是「意志底自律就是意志底那種特性，即因著這種特性，意

志對於其自身就是一法則（獨立不依於決定底對象之任何特性而對於其自身即是一法則）。」這個原則是康德所提出的的，而據牟先生的闡釋，康德所表示的是意志之有這特性，即其自身對於其自己就是一法則。這特性即是意志底自律性。這裏意志的自律就是意志為自我立法的意思，而自我立法之所以可能，是由吾人內在的意志，即道德主體所自我訂立、自定方向的。換言之，「自律道德」必然預設一能為自我立法的道德意志或道德主體。〔註7〕

　　第二個原則是牟先生根據康德的另一個判準而提出的，就是「如果意志尋求決定意志之法則不在『它的格準之合宜於成為它自己的決斷（裁定）底普遍法則」中尋求，而卻在任何別處尋求，因而也就是說，如果它走出其自己之外而在它的任何對象之特性中尋求這法則，則結果其所成者總只是〔意志之〕他律」。〔註8〕

　　從以上兩個判準來看，要解決東原道德學的歸屬，分判究竟是屬於「自律道德」還是「他律道律」，必須先行回答下列的問題：「理」作為道德的法則是如何建立？這種法則是由意志所自主自定的，還是在任何外在對象之特性中去尋求？以及，究竟東原的道德學有沒有獨立意義的「道德主體」？

　　關於「理」如何建立的問題，在上文的討論中已經知道這主要是基於吾人對事物、情勢以及自身的情感欲望具有審察別異的能力。而吾人之所以具有這種能力，東原認為其基礎是我們內在的心性。東原於《疏證》中云：

　　舉理，以見心能區分；舉義，以見心能裁斷。（頁153）

　　理義在事情之條分縷析，接於我之心知，能辨之而悅之，其悅者，
　　必其至是者也。（頁156）

　　心之神明，於事物咸足以知其不易之則，譬有光皆能照，而中理者，
　　乃其光盛，其照不謬也。（頁158）

由此可見東原認為吾人之所以能在事物、情勢，以至情感欲望中尋求不易之「理」，主要是在於「心」具有分析和裁斷的能力，其職能就好比神明發出光亮照物一樣，以察照事物的理則及規律為目的。換句話說，心的作用是以「認知」為主的。然而在東原的思想系統中，「心」作為區分別異的能力，其自身並沒有獨自的主體地位，而是歸屬於「性」之下。對於心和性的關係，東原說：

〔註7〕可參見牟宗三譯註：《康德的道德哲學》（臺北：臺灣學生書局，1992年），《康德底道德形上學之基本原則》，頁85。
〔註8〕參見同上，頁86。

> 古人言性，但以氣稟言，未嘗明言理義爲性……人徒知耳之于聲，
> 目之于色，鼻之于臭，口之于味之爲性，而不知心之于理義，亦猶
> 耳目鼻口之于聲色臭味也。（頁 157）

> 凡人行一事，有當于理義，其心氣必暢然自得；悖于理義，心氣必
> 沮喪自失，以此見心之于理義，一同乎血氣之于嗜欲，皆性使然耳。
> （頁 158）

東原指出吾人之所以在以情絜情以及通情遂欲的過程中，能權衡輕重，使其行爲得當，是基於吾人具有「心知之于理義」的能力。而「心之于理義」正如「耳目口鼻之于聲色臭味」，乃表示「心知」作爲一種以區別認知爲主要職能的思維能力，乃是「性」之使然。進一步說，在東原的主體性架構中，「心知」的能力，只是「性」之一端而已。反之，「性」作爲內在的主體，其地位在東原的系統中卻較爲重要。東原云：

> 性者，分於陰陽五行以爲血氣、心知、品物，區以別焉，舉凡既生
> 以後所有之事，所具之能，所全之德，咸以是爲其本，故《易》曰
> 「成之者性也」。氣化生人生物以後，各以類滋生久矣；然類之區別，
> 千古如是也，循其故而已矣。在氣化曰陰陽，曰五行，而陰陽五行
> 之成化也，雜糅萬變，是以及其流形，不特品物不同，雖一類之中
> 又復不同。（頁 176）

所謂「性者分於陰陽五行以爲血氣、心知、品物，區以別矣」正表示「性」本身乃稟賦於陰陽五行的天道而來，以血氣、心知、品物三者爲其具體的內容，主要就人之本能及自然生命方面而言。「血氣」指形體感官，「心知」指心的認知能力，至於「品物」則表示對事物的區別能力。可見「心」作爲一種以認知爲主的能力，只是「性」之一端。而有生之物，氣化成性，各以類滋生，則既表示萬物皆分有「陰陽五行之氣化」以形成其品類，同時「陰陽之氣化」亦分別顯現於各類事物以成其「性」。故此，對人來說，「性」一方面是人稟賦自陰陽五行的質性，另一方面亦是使人與其他物類得以區別的根據。東原對此再補充說：

> 《大戴禮記》曰：「分於道謂之命，形於一謂之性。」分於道者，分
> 於陰陽五行也。一言乎分，則其限之於始，有偏全、厚薄、清濁、
> 昏明之不齊，各隨所分而形於一，各成其性也。然性雖不同，大致
> 以類爲之區別。……天道，陰陽五行而已矣；人物之性，咸分於道，

　　成其各殊者而已矣。（頁 176）

「性」從其稟賦於陰陽五行而來，一開始便有氣稟的不齊，各隨其所分而有所差異，形成不同的類別。而這些「以類為之區別」以及「成其各殊者而已矣」的「性」作為人的「本質」或「體性」，實質祇是「類」之「性」。換言之，東原並不是從「義理之性」的角度來了解性的。他強調「古人言性，但以氣稟言，未嘗明言理義為性」，以及「人之為人，舍氣稟氣質，將以何者謂之人哉」的看法，完全是基於人之性就是「氣質之性」的人性論觀點。

　　綜合以上所論，我們可以發覺在東原的主體性架構中，「心知」作為性的一端，是屬於「認知心」，「性」則是「氣質之性」。而「心知理義」乃是從氣稟之性所發，只是一種感性的取向，並無一定可言。換言之，在東原的道德學中，「心」及「性」都不是相當於道德意志，具有獨立意義的道德主體。這種從認知心以及氣質之性來建立實踐法則的道德學，只屬於「他律道德」。

　　再次，在「以情絜情」及「使人我之情得其平」的過程中，吾人乃必得內本吾人自己的情感欲望，外接他人的情感欲望，把人與己所發的情欲，同置於一平面上，然後施以心知的條分縷析，以己之情絜人之情，以己之欲絜人之欲，得出其中的「理義」，然後才進致通人我之情，遂人我之欲。在這個推證過程中，一方面吾人之心知與一己的情感欲望乃在同一平面上，而非上下兩層的相對；另一方面心知外接他人的情感欲望，則二者形成一同屬一層的、相對的、橫攝關係。故此所謂「以情絜情」實質是以一己之情欲與他人之情欲相比對，其中當然涉及一己之情與他人之情互相比對的外在關係。換言之，心知不單要把自己的情感欲望條分縷析，更要把處於同一平面上，外接他人的情勢，以及他人的情感欲望同樣條分縷析，這樣才可以建立「使人我之情得其平」的原則。進一步說，「理」作為規範吾人行為的法則，並非單是由本心善意之自決以自定方向，而是需要外接他人的情感欲望，即從外在的對象中尋求決定行為的法則。因是這種道德學乃屬於「他律道德」的形態。

七、總　結

　　以牟先生的兩個區分作為判準，經上文的分解闡釋，我們可發覺東原的道德學乃屬「他律道德」，而規範行為的「理」乃是「形構之理」。這種形態的道德極為重視心知的認知作用，基本可以說是「以智成德」，是一種「主智論」的立場，重視對現實的情勢要微辨細察，條分縷析。由於這種道德以對

現實情勢精察細辨所得的「形構之理」作為吾人行動的準則，於是乃可為吾人的行動提供一定的軌跡，使吾人依「理」實踐時，有一定的現實途徑可以依從。進一步說，對現實情狀有具體的了解，可以使道德行為的發動能泛應存在的種種曲折，而不致茫無頭緒。這可以說是「主智論」道德的積極作用。〔註9〕

其次，由於東原認為吾人之性只得「氣稟之性」一層，而情感欲望乃人性之自然，由是乃認為道德應從人性的自然之質出發，重視現實人生的正常欲求。由於傳統儒家的道德觀，基本是從豁醒人人皆具有道德實踐的能力，以及強調人人通過道德實踐，皆可成聖成賢的理想方面著眼，因是認為人性的自然欲求只有負面的意義，而且對道德實踐只會起牽制的作用，以致對現實人生欲求的關注是較為忽略的。反之，東原的道德觀肯定人性的自然之質，強調要滿足人性的自然欲求，重視現實人生的需要，他這種觀點對傳統儒家在這方面的忽略，是可以起一種平衡作用。

〔註9〕 關於「形構之理」對道德實踐所起的積極作用，參閱《心體與性體》，第 1 冊，頁 109～110。